Cupcakes deliciosos

50 recetas fáciles y sugerentes

Cupcakes deliciosos

50 recetas fáciles y sugerentes

BLUME

BLUME

Título original
Cute Cupcakes

Edición
Vicky Orchard, Estella Hung

Diseño
Nicky Collings

Traducción
Eva María Cantenys Félez

Revisión de la edición en lengua española
Eneida García Odriozola
Cocinera profesional
(Centro de formación de cocineros y pasteleros
de Barcelona Bell Art)
Especialistas en temas culinarios

Coordinación de la edición en lengua española
Cristina Rodríguez Fischer

Primera edición en lengua española 2013

© 2013 Naturart, S.A. Editado por BLUME
Av. Mare de Déu de Lorda, 20
08034 Barcelona
Tel. 93 205 40 00 Fax 93 205 14 41
e-mail: info@blume.net
© 2011 Kyle Books Limited, Londres
© 2011 del texto y de las fotografías,
   véanse páginas 123-127

I.S.B.N.: 978-84-15317-33-3

Impreso en China

www.blume.net

Contenido

Introducción

Desde los clásicos y característicos cupcakes de terciopelo rojo (pág. 55) hasta los suntuosos cupcakes de chocolate y azúcar mascabado con trocitos de cacao y almíbar maya especiado (pág. 85), en este libro encontrará las mejores y más soberbias recetas. Dulces o salados, estilosos pero sencillos de hacer, en esta obra se ofrece, igualmente, una amplia variedad de cupcakes y muffins, tanto clásicos como contemporáneos, lo que incluye opciones veganas, sin gluten y libres de grasas.

¿Hay mejor manera de empezar el día que con un cupcake de capuchino (pág. 20)? Si va apurado de tiempo y necesita desayunar a toda prisa, los muffins de mermelada de naranja amarga para el desayuno (pág. 32) son ideales. Y los de miel de arce y nueces pacanas con caramelo crujiente (pág. 15), al igual que los de limón y semillas de amapola (pág. 19) y los de cebolla, queso crema y cebollino (pág. 24), son perfectos para el almuerzo (capítulo 1).

Para el té de la tarde (capítulo 2) hay mucho donde escoger: los cupcakes de fresas con nata para el té (pág. 44) son el acompañamiento perfecto para una taza de té, al igual que los cupcakes de crema de queso y frambuesas (pág. 43).

También se dedica un capítulo entero a delicias más saludables (capítulo 3), para que todos puedan disfrutar de ellas, tanto los que tienen intolerancia al gluten como los que siguen una dieta baja en grasas, son vegetarianos o veganos o, simplemente, siguen una dieta sana. Las recetas sin gluten aparecen indicadas a lo largo de esta obra con las siglas SG, y las veganas, con una V, con el fin de que sean fáciles de identificar. Los cupcakes de vainilla sin gluten (pág. 58) no pueden ser más fáciles de hacer, mientras que los de chocolate (pág. 64) resultan tan esponjosos y deliciosos que nadie diría que no contienen gluten.

Si lo suyo son las exquisiteces más refinadas (capítulo 4), disfrute de unos cupcakes de merengue y almíbar de limón (pág. 78), una versión del famoso bizcocho de limón glaseado, coronados con un glaseado de esponjoso merengue, o,

si lo prefiere, de unos cupcakes de brownie de chocolate y malta (pág. 93) coronados con bolas de chocolate con leche malteado: ¡el paraíso de los amantes del chocolate! Y no deje de probar los cupcakes de rosas y chocolate blanco (pág. 90) adornados con auténticos pétalos de rosa, una delicia que tiene un aspecto tan impresionante como su sabor.

Aquí también encontrará cupcakes y muffins para fiestas y celebraciones (capítulo 5), así como cupcakes y muffins de temporada, desde los cupcakes nido de huevos de Pascua (pág. 102) hasta los muffins de *crumble* de Navidad (pág. 110). Y por supuesto la Navidad no sería Navidad sin los cupcakes bola de nieve (pág. 118).

Trucos y consejos para preparar cupcakes y muffins perfectos

Asegúrese de que todos los ingredientes, en especial los derivados lácteos (mantequilla, leche,

yogur, leche batida, etc.), estén a temperatura ambiente antes de empezar a preparar los cupcakes y muffins.

Todas las medidas en cucharadas de las listas de ingredientes se refieren a cucharadas rasas, si no se indica otra cosa.

Todos los huevos de las listas de ingredientes se refieren a huevos de tamaño mediano, si no se indica otra cosa. Los de granja u orgánicos dan el mejor resultado en la preparación de repostería.

Mida todos los ingredientes con exactitud. La elaboración de masas de repostería se basa en una reacción química, por lo que las cantidades deben ser correctas. En mi caso, yo he utilizado balanzas digitales para preparar todas las recetas que aparecen en este libro, puesto que son más precisas que las de resorte. Algunas balanzas digitales incluso pueden medir en mililitros, además de en gramos, por lo que también son útiles para medir ingredientes líquidos.

Si una receta requiere levadura, bicarbonato sódico o crémor tártaro, compruebe que estos ingredientes no estén caducados, puesto que esto afectaría al resultado.

Las temperaturas del horno varían de un electrodoméstico a otro, por lo que, salvo si dispone de un termómetro de horno para medir la temperatura, tendrá que comprobar si los cupcakes y muffins están hechos insertándoles una broqueta antes de retirarlos del horno. Si la broqueta sale limpia, esto indicará que están cocidos.

Si es posible, utilice una batidora eléctrica manual, ya que le proporcionará más control sobre la consistencia de las masas y las mezclas, además de evitar que le duela el brazo por batir a mano.

Cuando prepare magdalenas y pastelitos, llene los moldes de papel hasta los dos tercios de su capacidad, salvo que se indique otra cosa, con el fin de que no rebosen al hornearlos.

En cambio, cuando prepare muffins, magdalenas y molletes llene los moldes de papel hasta los tres cuartos de su capacidad. Puede que rebosen un poco al hornearlos, pero es normal.

Para los cupcakes y pastelitos, utilice una cucharada de helado para llenar los moldes de papel. Para los muffins, magdalenas y molletes, una cucharada será la cantidad idónea para llenarlos.

En el caso de masas líquidas, trasládelas a una jarra y viértalas en los moldes de papel. Resulta más fácil e higiénico que usar una cuchara.

Uno de los secretos de un cupcake o un muffin perfecto es batir la mantequilla con el azúcar hasta que la mezcla adquiera una consistencia ligera y esponjosa. Esto puede llevar hasta 5 minutos, de modo que tómeselo con paciencia. La mezcla de mantequilla y azúcar extrafino pasará de un tono amarillo a uno casi blanco cuando esté esponjosa, suave y cremosa.

Tamice todos los ingredientes secos juntos, en especial si utiliza levadura en polvo, bicarbonato sódico y crémor tártaro.

Todos los ingredientes de tamaño pequeño, como las frutas y los frutos secos, deben incorporarse con cuidado a la masa tras haber añadido la harina y los ingredientes líquidos. No los agregue batiendo o, de lo contrario, la harina quedará trabajada en exceso, lo que dará como resultado un bizcocho espeso y pesado.

Resista la tentación de abrir el horno durante el tiempo de horneado, ya que el aire frío del exterior provocará que los cupcakes y muffins bajen. Compruebe si están hechos tras el tiempo mínimo de horneado indicado en la receta, no antes.

Las recetas de cupcakes y muffins que aparecen en este libro utilizan, en su mayor parte, moldes para muffins de 12 cavidades de tamaño estándar (no moldes para bollos) y moldes de papel para muffins. Los encontrará en la mayoría de los supermercados y en tiendas de menaje del hogar. Tenga en cuenta que si utiliza un tamaño diferente, esto afectará tanto al tiempo de horneado como a la cantidad de cupcakes y muffins que pueda preparar.

Cuando una receta requiera colorante alimentario, si es posible utilice colorante alimentario en pasta, pues los líquidos vuelven los glaseados demasiado líquidos.

Los moldes de papel, que se pueden encontrar de muchos diseños y colores, son esenciales en la apariencia de los cupcakes y muffins. Los encontrará en supermercados, tiendas de menaje del hogar y en tiendas *online*.

Cupcakes y muffins
para el almuerzo

Cupcakes de mantequilla de cacahuete y plátano

Estos sugerentes cupcakes, coya combinación clásica esta inspirada en el bocadillo favorito de Elvis, son estupendos para el desayuno. Si no le gustan los cacahuetes, sustituya la mantequilla de cacahuete en la masa y en el glaseado por crema de chocolate con avellanas para preparar cupcakes de chocolate y plátano, que están igual de buenos.

Para 12

50 g de mantequilla, a temperatura ambiente
100 g de mantequilla de cacahuete suave
150 g de azúcar moreno de caña
2 huevos
150 g de harina tamizada
1 cucharada de levadura en polvo
120 ml de nata agria
2 plátanos medio maduros, machacados

Para el glaseado:
75 g de queso crema
75 g de mantequilla de cacahuete suave
300 g de azúcar de lustre tamizado
25 g de cacahuetes tostados, finamente picados

Precaliente el horno a 160 °C. Forre un molde para magdalenas de 12 porciones con moldes de papel para magdalenas.

En un cuenco grande, bata la mantequilla, la mantequilla de cacahuete y el azúcar entre 3 y 5 minutos o hasta que la mezcla adquiera un tono pálido y una consistencia esponjosa. Añada batiendo los huevos, uno por uno, batiendo entre uno y otro.

Incorpore la harina junto con la levadura sin dejar de remover hasta obtener una masa de consistencia espesa. Agregue removiendo la crema agria y, a continuación, añada los plátanos. Llene con la masa hasta los dos tercios los moldes. Introduzca los cupcakes en el horno precalentado y, hornéelos durante 20 o 25 minutos hasta que suban y estén esponjosos al tacto. Retírelos del horno y deje que se enfríen en una rejilla.

Para el glaseado, ponga el queso crema y la mantequilla de cacahuete en un cuenco grande y bata con una batidora eléctrica manual hasta que la mezcla adquiera una consistencia ligera y esponjosa. A continuación, vaya agregando gradualmente el azúcar de lustre, cucharada a cucharada, sin dejar de batir. Al principio, el glaseado estará consistente, pero no intente aligerarlo añadiéndole líquido; continúe batiendo y se suavizará. Ponga el glaseado en una manga pastelera con una boquilla en forma de estrella, distribúyalo en forma de espiral encima de los cupcakes y espolvoréeles los cacahuetes picados por encima para decorar.

Cupcakes de miel de arce y pacanas

Estos cupcakes, decorados con nueces pacanas caramelizadas, son ideales para el té de la tarde o para una ocasión especial. Para que resulten aún más bonitos, ate una cinta de seda de 1 cm de anchura alrededor de los moldes de papel. ¡Quedarán preciosos!

Para 12

150 g de mantequilla sin sal, en pomada
50 g de azúcar blanquilla
200 g de harina con levadura
½ cucharadita de levadura en polvo
3 huevos
100 ml de miel de arce
100 g de nueces pacanas groseramente picadas

Para el caramelo:
100 g de azúcar extrafino
12 pacanas

Para el glaseado:
100 g de mantequilla
6 cucharadas de miel de arce
200 g de azúcar de lustre

Precaliente el horno a 180 °C. Forre un molde para magdalenas de 12 porciones con moldes de papel para magdalenas.

Ponga la mantequilla, el azúcar, la harina, la levadura y los huevos en un cuenco grande y con una batidora eléctrica manual bata entre 3 y 5 minutos o hasta que la mezcla adquiera un tono pálido y una consistencia cremosa. Añada batiendo la miel de arce e incorpore las pacanas.

Llene con la masa hasta dos tercios de los moldes. Introduzca los cupcakes en el horno precalentado y hornéelos durante 20 minutos o hasta que suban y estén esponjosos al tacto. Retírelos del horno y deje que se enfríen sobre una rejilla.

Para el caramelo, ponga el azúcar blanquilla en una cacerola mediana. Caliéntelo a fuego bajo hasta que se derrita y adquiera un color dorado. Remueva la cacerola para obtener un caramelo con un color uniforme. Retírelo del fuego y agregue las pacanas al caramelo. Con una cuchara, cubra las pacanas con el caramelo y, a continuación, trasládelas a una rejilla para que se enfríen y se endurezcan. Vierta el caramelo restante en una hoja de papel manteca y deje que se enfríe. Cuando se haya endurecido, trocéelo con un rodillo en pedazos pequeños para decorar.

Para el glaseado, ponga la mantequilla en un cuenco grande y bata con una batidora eléctrica manual hasta obtener una consistencia ligera y esponjosa. A continuación, vaya incorporando gradualmente la miel de arce, cucharada a cucharada, sin dejar de batir. Agregue el azúcar de lustre en tandas, mientras continúa batiendo, hasta que el glaseado adquiera una consistencia ligera y esponjosa. Ponga el glaseado en una manga pastelera con una boquilla en forma de estrella y distribúyalo en forma de espiral encima de los cupcakes. Corone cada cupcake con una pecana caramelizada y decórelos con trocitos de caramelo.

Cupcakes de muesli

Esta delicia de muesli es perfecta para el desayuno, ya que este cupcake no resulta tan pesado como un muffin ni tan dulce como otros cupcakes. Si lo prefiere glaseado, corónelo con un glaseado de vainilla; de lo contrario, decórelo con miel, frutas y frutos secos.

Para 12

100 g de harina con levadura
½ cucharadita de levadura
   en polvo
1 cucharadita de canela
100 g de mantequilla sin sal,
   a temperatura ambiente
35 g de azúcar blanquilla
2 huevos
100 ml de yogur natural
150 g de muesli

Para el aderezo:
4 cucharadas de miel
50 g de arándanos rojos
   troceados
50 g de pistachos

Precaliente el horno a 180 °C. Forre un molde para magdalenas de 12 porciones con moldes de papel para magdalenas.

Tamice en un cuenco la harina junto con la levadura y la canela.

En otro cuenco grande, bata la mantequilla con el azúcar entre 3 y 5 minutos o hasta que la mezcla adquiera un tono pálido y una consistencia cremosa. Añada los huevos, uno por uno, sin dejar de remover. La mezcla parecerá desligada en esta fase, pero no se preocupe, porque esto es normal.

Incorpore un tercio de la mezcla de harina a la mezcla batida en el cuenco grande y bata bien. Añada la mitad del yogur y bata bien. Incorpore otro tercio de la mezcla de harina y bata bien. Agregue el yogur restante, seguido por el último tercio de la mezcla de harina, batiendo bien cada vez. Incorpore removiendo el muesli. Si es muy grumoso, macháquelo un poco con un rodillo antes de añadirlo.

Llene con la masa dos tercios de los moldes. Introduzca los cupcakes en el horno precalentado y hornéelos durante 20 o 25 minutos o hasta que se doren y estén esponjosos al tacto. Trasládelos a una rejilla para que se enfríen.

Para el glaseado, derrita 3 cucharadas de la miel en un cazo hasta que se vuelva líquida. Retírela del fuego e incorpore los arándanos rojos y los pistachos. Remueva para cubrirlos con la miel. Déjelos enfriar. Pinte los cupcakes con la cucharada de miel restante y colóqueles los pistachos y arándanos rojos caramelizados encima; presiónelos hacia abajo con los dedos y deje que se asienten.

Cupcakes de limón y semillas de amapola

Estos divinos cupcakes son ligeros como una pluma y muy apetitosos. Resultan deliciosos tanto para el desayuno como para el té de la tarde e, incluso, para la cena. Utilice limones grandes, y para extraerles todo el zumo, hágalos rodar por una encimera, presionándolos.

Para 18

175 g de mantequilla sin sal, a temperatura ambiente
175 g de azúcar blanquilla
3 huevos
225 g de harina con levadura
1 cucharada de semillas de amapola
100 ml de nata agria
la cáscara de 2 limones finamente rallada

Para el glaseado:
150 g de mantequilla, en pomada
400 g de azúcar de lustre tamizado
el zumo y la cáscara finamente rallada de 1 limón
unas gotas de colorante alimentario amarillo
18 rodajas de limón escarchado, para decorar

Precaliente el horno a 180 °C. Forre 2 moldes para magdalenas de 12 porciones con 18 moldes de papel para magdalenas.

En un cuenco grande, bata la mantequilla con el azúcar blanquilla entre 3 y 5 minutos o hasta que la mezcla adquiera una consistencia ligera y cremosa. Añada los huevos, uno por uno, sin dejar de remover. En otro cuenco, tamice la harina e incorpore removiendo las semillas de amapola. Vierta la crema agria en una jarra y agregue mientras remueve la cáscara rallada de limón.

Incorpore un tercio de la mezcla de harina a la mezcla batida en el cuenco grande y bata bien. Añada la mitad de la nata agria y bata bien. Introduzca otro tercio de la mezcla de harina y bata bien. Agregue la nata agria restante, seguida por el último tercio de la mezcla de harina, batiendo bien cada vez.

Llene con la masa dos tercios de los moldes. Introduzca los cupcakes en el horno precalentado y hornéelos durante 20 o 25 minutos o hasta que se doren y estén esponjosos al tacto. Trasládelos a una rejilla para que se enfríen.

Para el glaseado, ponga la mantequilla en un cuenco grande y bátala con una batidora eléctrica manual hasta obtener una consistencia ligera y esponjosa. A continuación, vaya añadiendo gradualmente el azúcar de lustre junto con el jugo y la cáscara rallada de limón, así como el suficiente colorante para obtener un color amarillo limón pálido; bata cada vez.

Ponga el glaseado en una manga pastelera con una boquilla en forma de estrella. y distribúyalo en forma de espiral encima de los cupcakes ya fríos; decórelos con las rodajas de limón escarchado.

Cupcakes de capuchino

Estos cupcakes de capuchino, elaborados con café soluble, constituyen una buena y energética manera de empezar el día. Para potenciar el sabor del café, córonelos con un glaseado de crema batida de café en lugar del glaseado de nata de esta receta. Añada nueces si le gusta el sabor del café combinado con el de las nueces.

Para **12**

75 g de mantequilla sin sal, a temperatura ambiente
150 g de azúcar moreno de caña
2 huevos
85 g de harina
85 g de harina con levadura
1 cucharada de café soluble
90 ml de leche

Para el aderezo:
300 ml de nata montada
25 g de azúcar de lustre
12 granos de café cubiertos de chocolate, para decorar (opcional)
cacao en polvo, para espolvorear

Precaliente el horno a 180 °C. Forre un molde para magdalenas de 12 porciones con moldes de papel para magdalenas.

En un cuenco grande, bata la mantequilla con el azúcar hasta que la mezcla adquiera un tono pálido y una consistencia cremosa. Añada los huevos, uno a uno, removiendo continuamente. La mezcla parecerá cortada en esta fase, pero no se preocupe, porque esto es normal.

Tamice la harina junto con la harina con levadura en un cuenco. En otro cuenco, mezcle el café soluble y la leche. Incorpore un tercio de la mezcla de harinas a la mezcla batida en el cuenco grande y bata bien. Agregue la mitad de la mezcla de café y bata bien. Incorpore otro tercio de la mezcla de harinas y bata bien. Añada el resto de la mezcla de café, seguida por el último tercio de la mezcla de harina, batiendo bien cada vez.

Llene con la masa dos tercios de los moldes. Introduzca los cupcakes en el horno precalentado y hornéelos durante 20 a 25 minutos o hasta que se doren y estén esponjosos al tacto. Trasládelos a una rejilla para que se enfríen.

Para el glaseado, bata la nata junto con el azúcar de lustre hasta que esté montada a punto de nieve. Ponga la nata en una manga pastelera con una boquilla en forma de estrella y distribúyala en forma de espiral encima de los cupcakes. Decore cada cupcake con un grano de café cubierto de chocolate y espolvoréelos con cacao en polvo.

Muffins de cuajada y queso azul

El siempre popular muffin en versión salada. Son unos muffins ligeros, sabrosos y realmente fáciles de hacer y, además, se congelan muy bien. Para esta receta puede utilizar cualquier queso azul, como el stilton, o si desea una textura más ligera, el dolcelatte. Encontrará suero de mantequilla en la mayoría de los supermercados.

Para **10**  Sin gluten

Para la mezcla de harina sin gluten (para 225 g):
67,5 g de polenta fina
   o de harina de castaña
112,5 g de harina de arroz
   integral
45 g de harina de maíz

2 cucharaditas de levadura
   en polvo
una pizca de sal de apio
50 g de queso azul,
   desmenuzado o finamente
   troceado
un puñado pequeño de
   hojas de albahaca fresca
   finamente cortadas
175 ml de leche
   semidesnatada
100 ml de suero de
   mantequilla
50 g de mantequilla sin sal
   fundida
1 huevo grande, a
   temperatura ambiente

Precaliente el horno a 200 °C. Prepare un molde para magdalenas de 12 porciones: corte 10 cuadrados de papel encerado que quepan en cada porción, con los bordes sobresaliendo, o bien forre las porciones con 10 moldes de papel para magdalenas.

Mezcle todas las harinas y remueva hasta que se hayan mezclado completamente o bien póngalas en el robot de cocina o en la batidora y bata hasta que se hayan mezclado.

Tamice la mezcla de harina en un cuenco grande junto con la levadura y la sal de apio. Añada sin dejar de remover el queso y la albahaca.

En una jarra grande, bata la leche semidesnatada junto con la mantequilla fundida y el huevo con una batidora eléctrica manual. Haga un hueco en el centro de la mezcla de los ingredientes secos y vaya incorporando gradualmente la mezcla de los ingredientes líquidos. La masa debería quedar blanda, pero no demasiado espesa. Llene con la masa inmediatamente la mitad los moldes.

Introduzca los muffins en el horno precalentado y hornéelos entre 20 y 25 minutos o hasta que suban y se doren. Retírelos del horno y cómalos enseguida cuando se hayan enfriado un poco o bien deje que se enfríen completamente en una rejilla.

Alternativa: Para darle un toque adicional de sabor, añada 5 o 6 tomates secos conservados en aceite. Escúrralos bien, córtelos en trozos finos e incorpórelos a la mezcla al mismo tiempo que el queso azul.

Cupcakes de cebolla, queso crema y cebollino

Estos cupcakes son una alternativa a los cupcakes dulces y resultan perfectos para *picnics* y con el té de la tarde. Para una versión mini de estos cupcakes, unos graciosos canapés, ponga la masa en 3 moldes para minimuffins de 12 porciones y hornéelos entre 7 y 10 minutos.

Para 18

250 g de harina
1 cucharadita de levadura
   en polvo
50 g de cebolla granulada
una pizca de sal
4 huevos
50 g de azúcar blanquilla
el zumo de 1 limón grande
1 cucharadita de semillas
   de cebolla negra
180 g de mantequilla sin sal
   en pomada

Para el glaseado:
200 g de queso crema
la cáscara de 1 limón
   finamente rallada
2 cucharadas de cebollino
   finamente picado
cebollino finamente cortado
   y cáscara de limón rallada,
   para decorar

Precaliente el horno a 190 ºC. Forre 2 moldes para magdalenas de 12 porciones con 18 moldes de papel para magdalenas.

Tamice en un cuenco la harina con la levadura, la cebolla granulada y la sal.

En un robot de cocina o con una batidora eléctrica manual, bata los huevos junto con el azúcar entre 3 y 5 minutos o hasta que la mezcla adquiera una consistencia ligera y esponjosa. Añada el zumo de limón y las semillas de cebolla y continúe batiendo.

Sin dejar de batir, incorpore la mezcla de harina a la mezcla batida y continúe batiendo 1 minuto. Agregue mientras bate la mantequilla en pomada.

Ponga la masa en los moldes, introduzca los cupcakes en el horno precalentado y hornéelos entre 12 a 15 minutos o hasta que suban y se doren ligeramente. Trasládelos a una rejilla para que se enfríen.

Para el glaseado, bata el queso crema con el zumo de limón hasta que la mezcla adquiera una consistencia suave y cremosa. Incorpore sin dejar de remover el cebollino picado. Ponga el glaseado en una manga pastelera con una boquilla normal y distribúyalo en forma de espiral encima de cada cupcake en frío. Decórelos con el cebollino finamente cortado y la cáscara rallada de limón.

Magdalenas mariposa de calabacín dulce y azafrán

El calabacín y el azafrán otorgan un toque insólito a estas magdalenas. Una crema de mantequilla tradicional (hoy en día comúnmente conocida como glaseado) es una deliciosa forma de coronarlas.

Para   Sin gluten

una pellizco generoso de azafrán en hebras o una pizca generosa de azafrán en polvo

2 cucharadas de agua hirviendo

2 huevos medianos, a temperatura ambiente

180 g de azúcar blanquilla

Para la mezcla de harina sin gluten (para 200 g):

140 g de harina de arroz blanco fina

40 g de harina de patata

20 g de azúcar blanquilla

2 cucharaditas de levadura en polvo

½ cucharadita de goma xantana

1 cucharadita de glicerina

2 calabacines medianos, rallados y exprimidos (unos 240 g).

Para la crema de mantequilla:

225 g de mantequilla sin sal blanda

70 g de azúcar de lustre tamizado, para espolvorear

Precaliente el horno a 180 °C. Forre un molde para magdalenas de 12 porciones con 12 moldes de papel para magdalenas.

Ponga las hebras de azafrán o el azafrán en polvo en un tazón, añada el agua hirviendo y déjelo que infusione hasta que se enfríe. A continuación, ponga los huevos y el azúcar extrafino en el robot de cocina o en la batidora y bata a alta velocidad durante 5 minutos o hasta que la mezcla adquiera una consistencia espesa y cremosa. Trasládela a un cuenco grande.

Ponga la harina, la levadura y la goma xantana en un cuenco y mezcle bien.

Incorpore el agua de azafrán, la glicerina, la mezcla de harina y el calabacín rallado en la mezcla del cuenco grande. Mezcle bien, y, a continuación, ponga la masa en los moldes.

Introduzca las magdalenas en el horno precalentado y hornéelas entre 15 y 20 minutos o hasta que suban y se doren ligeramente. Retírelas del horno y deje que se enfríen completamente en una rejilla.

Para la crema de mantequilla, bata la mantequilla con el azúcar de lustre.

Ya frías las magdalenas, corte con un cuchillo afilado un pequeño redondel bastante profundo en la parte superior de cada magdalena y corte cada redondel por la mitad. Ponga un poco de crema en el hueco de la magdalena y, encima, las dos mitades del redondel de bizcocho invertidas de modo que parezcan unas alas de mariposa. Espolvoréelas con azúcar de lustre y sírvalas.

Alternativa: Añada un poco de agua de azafrán (un pellizquito de hebras de azafrán o de azafrán en polvo infusionado en 2 cucharadas de agua hirviendo) a la crema de mantequilla para darle un toque extra de color.

Cupcakes de tomates secos y parmesano

Esta tentadora delicia para el paladar, llena de los sabores de Italia, es ideal para el almuerzo. El cremoso relleno de pesto y queso de cabra complementa maravillosamente el sabor y la textura del tomate seco. Utilice un queso de cabra cremoso sin corteza.

Para 18

250 g de harina
1 cucharadita de levadura
    en polvo
50 g de queso parmesano
    maduro finamente rallado
4 huevos
50 g de azúcar blanquilla
130 g de mantequilla sin sal,
    en pomada
50 g de tomates secos
    finamente troceados
3 cucharadas de leche

Para el relleno:
250 g de queso de cabra
2 cucharadas de pesto
2 cucharadas de tomates
    secos troceados

Precaliente el horno a 190 ºC. Forre 2 moldes para magdalenas de 12 porciones con 18 moldes de papel para magdalenas o con 18 cuadrados de papel manteca.

Tamice en un cuenco la harina con la levadura y el queso parmesano rallado.

En el robot de cocina o con una batidora eléctrica manual, bata los huevos con el azúcar entre 3 y 5 minutos o hasta que la mezcla adquiera una consistencia ligera y esponjosa.

Sin dejar de batir, incorpore la mezcla de harina a la mezcla batida y continúe batiendo durante 1 minuto. Agregue, mientras bate, la mantequilla blanda. Incorpore los tomates secos y añada removiendo la leche. Bata hasta obtener una mezcla de consistencia pastosa. Si la masa queda demasiado espesa, añádale un poco más de leche.

Ponga la masa en los moldes, introduzca los cupcakes en el horno precalentado y hornéelos de 12 a 15 minutos o hasta que suban y se doren ligeramente. Trasládelos a una rejilla para que se enfríen.

Para el relleno, bata el queso de cabra con el pesto hasta que la mezcla adquiera una consistencia suave y cremosa. Póngala en una manga pastelera con una boquilla normal.

Corte la parte superior de los cupcakes como lo haría con las magdalenas mariposa (*véase* pág. 27). Distribuya la mezcla de queso de cabra en forma de espiral encima de los cupcakes, esparza unos trozos de tomate seco por encima y vuelva a colocarles la parte superior cortada.

Cupcakes de queso y *chutney*

Estos cupcakes son estupendos para almuerzos fuera de casa, ya que no llevan aderezo, por lo que son fáciles de llevar y de comer. Utilice un *chutney* o un *relish* con trocitos pequeños, pues los trozos grandes se hundiran en el fondo del bizcocho. Sírvalos con confitura de cebolla morada y pepinillos en vinagre al eneldo o bien con los encurtidos que prefiera.

Para 12

250 g de harina con levadura
2 cucharaditas de levadura
  en polvo
una pizca de sal
2 huevos
180 ml de leche
120 ml de aceite de oliva
150 g de queso cheddar
  curado rallado
4 cucharadas de *chutney*
  de ciruelas

Precaliente el horno a 190 °C. Forre un molde para magdalenas de 12 porciones con moldes de papel para magdalenas.

Tamice la harina con la levadura y la sal en un cuenco grande.

En otro cuenco, bata los huevos hasta que queden esponjosos. A continuación, vaya añadiendo gradualmente la leche y el aceite de oliva, sin parar de batir. Incorpore la mezcla resultante a la mezcla de harina en el cuenco grande y remueva solo hasta que se hayan mezclado (de lo contrario, la masa se endurecerá). Agregue el queso rallado removiendo con cuidado.

Llene con la masa tres cuartos de los moldes. Haga un hueco en el centro de cada cupcake y ponga dentro una cucharadita de *chutney*. Con una broqueta, forme un remolino con el *chutney* en la masa para crear un efecto marmoleado.

Introduzca los cupcakes en el horno precalentado y hornéelos de 15 a 20 minutos, hasta que suban y se doren. Para comprobar si están hechos, inserte una broqueta o un palillo en el centro de uno de los cupcakes: debería salir limpio. Deje que se enfríen en el molde durante unos minutos antes de retirarlos y, a continuación, trasládelos a una rejilla. Sírvalos recién horneados y aún calientes.

Muffins de confitura de naranja amarga para el desayuno

La quintaesencia de la simplicidad. Solo tardará 10 minutos en preparar estos muffins. Utilice confitura de naranja amarga o de lima con trozos gruesos, o bien de fresa o de frambuesa casera, con lo que el muffin será más dulce. Sírvalos aún calientes con un café o un té.

Para 12

2 huevos batidos
85 ml de aceite vegetal
140 ml de leche
225 g de harina
1 cucharada de levadura en polvo
½ cucharadita de sal
55 g de azúcar blanquilla
12 cucharaditas colmadas de confitura de naranja amarga

Precaliente el horno a 200 ºC. Forre un molde para magdalenas de 12 porciones con moldes de papel para magdalenas.

Ponga los huevos, el aceite y la leche en un cuenco y bata. En otro cuenco, tamice la harina con la levadura y la sal. A continuación, añada removiendo el azúcar. Con una cuchara de madera, haga un hueco en el centro de la mezcla de harina y vierta dentro la mezcla batida.

Con una cuchara grande, remuévalo todo con cuidado hasta que se haya mezclado completamente; no bata la masa con demasiada energía.

Ponga la mitad de la masa en los moldes. Coloque después una cucharada colmada de confitura encima. Corone con la masa restante, con cuidado de cubrir la confitura.

Introduzca los muffins en el horno precalentado y hornéelos durante 20 minutos o hasta que suban y se doren. Deje que se enfríen durante al menos 10 minutos antes de servirlos.

Cupcakes y muffins
para el té de la tarde

Muffins de frambuesas y canela con cobertura crujiente

Estos muffins se hacen muy rápidamente. Procure no deshacer las frambuesas al remover la masa o, de lo contrario, obtendrá muffins de color rosa en lugar de dorados y con las frambuesas enteras. La canela combina de forma magnífica con las frambuesas, aunque combina igualmente bien con arándanos o con grosellas negras.

Para 12

145 g de harina con levadura
1 cucharadita colmada
   de canela molida
55 g de azúcar blanquilla
1 huevo batido
3 cucharadas de aceite
   de girasol
3 cucharadas de leche
115 g de frambuesas
3 cucharaditas de azúcar
   moreno

Precaliente el horno a 180 ºC. Forre un molde para magdalenas de 12 porciones con moldes de papel para magdalenas.

Tamice la harina con la canela molida y el azúcar blanquilla en un cuenco grande; remueva para mezclarlos. Haga un hueco en el centro y vierta dentro el huevo batido junto con el aceite y la leche. Remueva con cuidado hasta que todos los ingredientes se hayan mezclado completamente.

Incorpore las frambuesas removiendo muy suavemente y con cuidado para que se conserven enteras. Ponga la masa en los moldes y espolvoréeles el azúcar moreno por encima.

Introduzca los muffins en el horno precalentado y hornéelos entre 20 y 25 minutos, hasta que suban y se doren.

Trasládelos a una rejilla para que se enfríen. Si va a congelarlos, utilice frambuesas frescas en lugar de congeladas.

Muffins de albaricoque y romero

Los orejones de albaricoque aportan una deliciosa textura y un bonito color, mientras que el romero, con su sabor cálido y resinoso, acentúa todos los demás sabores. Utilice hojas tiernas de romero, ya que las viejas resultarán demasiado duras.

Para 16

145 g de mantequilla sin sal, en pomada

145 g de azúcar blanquilla dorada

2 huevos

225 g de harina con levadura tamizada

una pizca de sal

100 ml de leche

55 g de orejones de albaricoque, finamente troceados

1 cucharada de hojas tiernas de romero, finamente picadas

2 cucharaditas de aceite de romero

Precaliente el horno a 180 °C. Forre 2 moldes para magdalenas de 12 porciones con moldes de papel para magdalenas.

Bata la mantequilla con el azúcar hasta que la mezcla adquiera un tono pálido y, a continuación, añada los huevos y la harina alternándolos. No bata enérgicamente. Agregue la sal y la leche y remueva bien. Evite batir demasiado

Incorpore los orejones de albaricoque y el romero picado removiendo con cuidado. Ponga la masa en los moldes de papel.

Introduzca los muffins en el horno precalentado, hornéelos entre 20-25 minutos y trasládelos a una rejilla. Cuando aún estén calientes, pincélelos por encima con aceite de romero.

Deje que se enfríen durante al menos de 10 minutos antes de servirlos.

Cupcakes de limón

Este sencillo y clásico cupcake no solo tiene un bonito aspecto, sino que además está repleto de sabores cítricos. ¡Delicioso!

Para **15**

110 g de mantequilla sin sal cortada en dados
110 g de azúcar blanquilla dorada
la cáscara de 1 limón finamente rallada
2 huevos medianos, con las yemas separadas de las claras
75 ml de leche
140 g de harina
1 cucharadita de levadura en polvo
¼ de cucharadita de sal marina

Para el glaseado:
150 g de azúcar de lustre tamizado
2 cucharadas de zumo de limón fresco, colado
colorante alimentario amarillo, líquido o en pasta
violetas escarchadas u otras flores escarchadas

Precaliente el horno a 190 °C. Forre 2 moldes para magdalenas de 12 porciones con 12 moldes de papel para magdalenas.

Bata la mantequilla con el azúcar en el robot de cocina o en la batidora hasta que la mezcla adquiera un tono casi blanco. Añada la cáscara rallada de limón y las yemas de huevo y, a continuación, la leche. Parecerá que la mezcla se ha cortado en esta fase, pero no se preocupe, porque esto es normal. Trasládela a un cuenco grande.

En otro cuenco, tamice la harina con la levadura dos veces y, a continuación, vaya incorporando la mezcla resultante con la sal a la mezcla de mantequilla en el cuenco grande, un tercio cada vez.

Bata las claras de huevo y, una vez que estén firmes, agréguelas, con mucho cuidado, en dos tandas a la masa en el cuenco grande.

Llene con la masa dos tercios de los moldes. Introduzca los cupcakes en el horno precalentado y hornéelos entre 17 y 20 minutos o hasta que suban y estén esponjosos al tacto. Retírelos del horno y deje que se enfríen.

Para preparar el glaseado, mezcle el azúcar de lustre con el zumo de limón y el suficiente colorante para obtener un color amarillo pálido. Extienda una cucharadita colmada del glaseado por encima de cada cupcake, pero sin cubrirlo por completo. Decórelos con las flores escarchadas. Deje que se asienten durante 1 hora, aproximadamente.

Cupcakes de crema de queso y frambuesas

Esta delicia llena de queso crema y frambuesa será, sin duda, un éxito entre los amantes de la crema de queso y de los cupcakes. Si quiere ahorrar tiempo y esfuerzo, utilice una buena confitura de frambuesas casera en lugar de preparar el puré de esas frutas.

Para 12

Para la base:
4 galletas digestivas
25 g de mantequilla fundida

Para el puré de frambuesas:
100 g de frambuesas
1 cucharada de azúcar
   de lustre

Para el relleno:
350 g de queso crema
110 g de azúcar extrafino
250 g de nata agria
10 g de harina
½ cucharadita de extracto
   de vainilla
1 huevo

Para el glaseado:
100 ml de nata agria
100 g de queso crema
½ cucharadita de extracto
   de vainilla
2 cucharaditas de azúcar
   de lustre
36 frambuesas, para decorar

Precaliente el horno a 160 °C. Forre un molde para magdalenas de 12 porciones con moldes hondos de papel de plata para magdalenas.

Pique las galletas en el robot de cocina o en la picadora o póngalas en una bolsa de plástico y aplástelas con un rodillo. Traslade las migas de galletas a un cuenco y añada, mientras remueve, la mantequilla fundida. Coloque una cucharada de la mezcla de galleta en la base de cada molde. Utilice la base de una huevera o de un vaso pequeño para presionar la mezcla de galleta hacia abajo de modo que quede distribuida de manera uniforme.

Ponga las frambuesas y el azúcar de lustre en el cuenco del robot de cocina o de la batidora y bata hasta obtener un puré. En otro cuenco, tamice el puré con un colador fino para eliminar las semillas y resérvelo.

En un cuenco grande, bata el queso crema con el azúcar blanquilla, la nata agria, la harina, el extracto de vainilla y el huevo hasta que la mezcla adquiera una consistencia ligera y homogénea.

Llene con la masa tres cuartos de los moldes. Coloque 1 cucharadita del puré de frambuesas encima de la masa. Con la punta de una broqueta o de un palillo, dibuje un remolino con el puré para crear un efecto marmoleado.

Introduzca los cupcakes en el horno precalentado y hornéelos durante 15 minutos. Retírelos del horno y deje que se enfríen ligeramente mientras prepara el aderezo. Bata la nata agria con el queso crema, el extracto de vainilla y 1 cucharadita del azúcar glas. Coloque una cucharada colmada del aderezo en el centro de cada cupcake y extiéndalo hacia los bordes de los moldes. Devuélvalos al horno y hornéelos durante 10 minutos.

Deje que se enfríen en una rejilla y póngalos en el frigorífico al menos una hora o hasta que se hayan enfriado completamente. Decórelos con frambuesas frescas y espolvoréelos con la cucharadita de azúcar de lustre restante.

Cupcakes de fresas con nata para el té

Estos cupcakes serán, sin duda, del agrado de los amantes de los bollos con confitura y nata cuajada. Se elaboran con polenta, lo que les da una textura similar a la del bollo. Sustituya las fresas por frambuesas o arándanos cuando no sea temporada de fresas. Si le encanta la nata cuajada, divida los cupcakes por la mitad y rellénelos con nata semimontada y confitura; puede coronarlos también con nata cuajada.

Para 12

150 g de mantequilla sin sal, a temperatura ambiente
150 g de azúcar blanquilla
100 g de polenta fina
3 huevos
150 g de fresas, sin tallos y troceadas en pedazos pequeños
125 g de harina tamizada
1 cucharadita de levadura en polvo
1 cucharada de leche

Para decorar:
200 g de nata semimontada
6 fresas cortadas por la mitad

Precaliente el horno a 180 °C. Forre un molde para magdalenas de 12 porciones con moldes de papel para magdalenas.

En un cuenco grande, bata la mantequilla junto con el azúcar entre 3 y 5 minutos o hasta que la mezcla adquiera un tono pálido y una consistencia esponjosa. Añada la polenta y bata. Agregue los huevos, uno por uno, sin dejar de batir.

En otro cuenco, remueva las fresas troceadas en 25 g de la harina hasta que queden cubiertas. Resérvelas.

Añada mientras remueve los 100 g de harina restantes con la levadura hasta obtener una masa espesa. Agregue removiendo la leche y, a continuación, las fresas cubiertas de harina; remuenva con cuidado. Llene con la masa dos tercios los moldes. Introduzca los cupcakes en el horno precalentado y hornéelos durante 20 minutos o hasta que suban y estén esponjosos al tacto. Retírelos del horno y deje que se enfríen en una rejilla.

Para decorar, ponga una cucharada de postre de nata semimontada encima de cada cupcake y corónelos con una fresa cortada por la mitad. Sírvalos con una taza de té.

Cupcakes de lima y coco

Estos cupcakes de lima y coco, llenos de los sabores del Caribe, tienen un bonito aspecto en moldes de papel con lunares verdes y blancos. Si la lima no es de su agrado, el limón es un buen sustituto, y si tampoco le gusta el coco, sustituya la leche de coco por yogur y el coco rallado por pistachos picados.

Para 12

175 g de harina con levadura
1 ½ cucharaditas de levadura en polvo
150 g de mantequilla sin sal, a temperatura ambiente
200 g de azúcar blanquilla dorada
3 huevos batidos
125 ml de leche de coco
50 g de coco rallado seco

Para el glaseado:
100 g de mantequilla sin sal, en pomada
100 g de queso crema
400 g de azúcar de lustre tamizado
la cáscara de 3 limas finamente rallada
2 cucharaditas de zumo de lima
cáscara de lima rallada, para decorar

Precaliente el horno a 180 °C. Forre un molde para magdalenas de 12 porciones con moldes de papel para magdalenas.

En un cuenco, tamice la harina con la levadura. En un cuenco grande, bata la mantequilla con el azúcar entre 3 y 5 minutos o hasta que la mezcla adquiera una consistencia ligera y esponjosa. Añada, sin dejar de batir, los huevos batidos, una pequeña cantidad cada vez, y rebañe los lados del cuenco de vez en cuando.

Incorpore un tercio de la mezcla de harina a la mezcla batida en el cuenco grande y bata bien. Agregue la mitad de la leche de coco y bata bien. Incorpore otro tercio de la mezcla de harina y bata bien. Añada la leche de coco restante, seguida por el último tercio de la mezcla de harina; bata bien cada vez. Incorpore el coco rallado y bata durante 1 minuto.

Llene con la masa dos tercios de los moldes. Introduzca los cupcakes en el horno precalentado y hornéelos entre 20 y 25 minutos o hasta que estén firmes y esponjosos al tacto. Para comprobar si están hechos, inserte una broqueta en el centro de uno de los cupcakes: debería salir limpia. Retírelos del horno y deje que se enfríen en una rejilla.

Para el glaseado, bata la mantequilla con el queso crema en un cuenco grande con una batidora eléctrica manual hasta que la mezcla adquiera una consistencia ligera y esponjosa. A continuación, vaya añadiendo gradualmente el azúcar glas, cucharada a cucharada, sin dejar de batir. Cuando haya incorporado todo el azúcar, agregue removiendo el zumo y la cáscara rallada de lima.

Ponga el glaseado en una manga pastelera con una boquilla normal. Distribúyalo en forma de espiral encima de cada cupcake en frío y decórelos con cáscara rallada de lima.

Molletes de almendras, frambuesas y limón

Estos molletes son ligeros como el aire, a la vez que sustanciosos, ya que están repletos de almendras y frambuesas frescas. Los molletes suelen hornearse en pequeños moldes ovales, pero puede utilizar moldes para magdalenas o para tartaletas. Si los guarda en una caja hermética, se conservarán unos tres días.

Para 10–12

75 g de harina, más harina adicional para espolvorear
225 g de azúcar de lustre, más azúcar adicional para espolvorear
100 g de almendras molidas
una pizca de sal
5 claras de huevos grandes
135 g de mantequilla sin sal, fundida y fría
la cáscara de 1½ limones, rallada
200 g de frambuesas
50 g de almendras fileteadas

Precaliente el horno a 180 °C. Engrase el interior de 12 moldes para molletes o para magdalenas y espolvoréelos con un poco de harina; elimine el exceso.

Tamice la harina con el azúcar, las almendras molidas y la sal en un cuenco grande, remueva para mezclarlos y, a continuación, haga un hueco en el centro de la mezcla. En otro cuenco, bata suavemente las claras de huevo hasta que se espumen y estén casi a punto de nieve. Vierta las claras de huevo y la mantequilla fundida junto con la cáscara rallada de limón en el hueco de la mezcla de los ingredientes secos en el cuenco grande. Remueva con una cuchara de metal grande hasta que todo se haya mezclado completamente.

Reparta la masa hasta llenar tres cuartos de los moldes. Coloque cuatro o cinco frambuesas encima de cada mollete y espárzales las almendras fileteadas por encima.

Hornéelos en el estante central del horno precalentado durante unos 15 minutos o hasta que suban y se doren. Retírelos del horno y deje que se enfríen en los moldes durante 2 minutos antes de desmoldarlos con cuidado sobre una rejilla.

Espolvoréelos con azúcar de lustre antes de guardarlos.

Muffins de plátano, cerezas y chocolate blanco

Estos muffins son ideales para que los preparen los niños más mayorcitos, y además se pueden comer recién salidos del horno.

Para 10

150 g de harina

½ cucharada rasa de levadura en polvo

¼ de cucharadita de sal

1 huevo mediano

40 g de azúcar blanquilla

125 ml de leche

50 g de mantequilla sin sal fundida

50 g de cerezas confitadas, troceadas

50 g de chocolate blanco troceado

1 plátano pequeño aplastado

Precaliente el horno a 200 °C. Forre un molde para magdalenas de 12 porciones con moldes de papel para magdalenas.

En un cuenco, tamice la harina con la levadura y la sal. En otro cuenco, bata el huevo con el azúcar, la leche y la mantequilla derretida. Incorpore mientras remueve la mezcla de los ingredientes secos en la mezcla de los ingredientes líquidos. No los mezcle demasiado uniformemente, pues el conjunto debe tener una consistencia un poco grumosa.

Añada las cerezas, el chocolate blanco y el plátano aplastado y remueva, pero sin mezclar en exceso.

Llene con la masa unos dos tercios de los moldes. Introduzca los muffins en el horno precalentado y hornéelos durante 20 minutos.

Trasládelos a una rejilla para que se enfríen; al cabo de unos 5 minutos, ya se podrán comer.

Cupcakes de pan de especias

¿Quién dijo que el pan de especias era solo para niños? Estos cupcakes deliciosamente ácidos y untuosos gustarán a toda la familia.

Para **8–10**

175 g de mantequilla, en pomada
175 g de azúcar blanquilla
4 huevos
350 g de harina
2 cucharaditas de levadura en polvo
½ cucharadita de pimienta de Jamaica
½ cucharadita de jengibre molido
½ cucharadita de canela molida
½ cucharadita de nuez moscada molida
una pizca de sal
100 ml de leche
la cáscara de 1 naranja rallada
1 chorrito de extracto de vainilla

Para la crema de mantequilla:
150 g de mantequilla, en pomada
100 g de azúcar de lustre
la cáscara de 1 naranja rallada
una pizca de jengibre molido
corteza confitada de naranja (opcional)

Precaliente el horno a 160 °C. Forre un molde para magdalenas, para budines de Yorkshire o para magdalenas de 12 porciones con moldes de papel para magdalenas.

Bata la mantequilla con el azúcar blanquilla en un cuenco grande. Cuando la mezcla haya adquirido una consistencia ligera y esponjosa, añada gradualmente los huevos, uno por uno. Es importante mantener la mezcla siempre en movimiento mientras añade los huevos. La mezcla parecerá cortada en esta fase, pero no se preocupe, porque esto es normal.

En otro cuenco, tamice todos los ingredientes secos y, a continuación, incorpore la mezcla resultante a la mezcla batida en el cuenco grande. Agregue la leche junto con la cáscara rallada de naranja y la vainilla. Remueva bien. Añada la harina mientras remueve con cuidado. Cuando todo se haya mezclado completamente, ponga una cucharada de la masa en los moldes de papel. (Es preferible usar moldes para magdalenas pequeños o moldes para budines de Yorkshire con el fin de asegurarse de que suban de manera uniforme y no se desparramen por los lados). Introdúzcalos en el horno precalentado y hornéelos entre 12 y 15 minutos.

Retírelos del horno y deje que se enfríen mientras prepara la crema batida. Bata la mantequilla blanda junto con el azúcar de lustre con una cuchara de madera hasta que la mezcla adquiera una consistencia fina y homogénea. Agregue la cáscara rallada de naranja y, a continuación, extienda la crema por encima de los cupcakes ya fríos.

Espolvoréelos con una pizca de jengibre molido y corónelos con un poco de corteza de naranja confitada, si lo desea.

Cupcakes de terciopelo rojo

Este cupcake aterciopelado, considerado por los amantes de estos como «la quintaesencia del cupcake», es ligero como una pluma y se funde en la boca. Es de color rojo, pero tiene un sabor achocolatado con un glaseado de queso. Si desea preparar cupcakes de terciopelo azul, solo tiene que sustituir el colorante rojo por uno azul. Si no le gusta emplear colorantes alimentarios, utilice uno natural en su lugar. La remolacha en polvo va muy bien y no afecta al sabor de los cupcakes.

Para 12

200 g de harina
1 cucharadita de levadura
  en polvo
½ cucharadita de sal
2 cucharadas de cacao
  en polvo
2 cucharadas de colorante
  alimentario rojo
75 g de mantequilla sin sal,
  a temperatura ambiente
150 g de azúcar blanquilla
1 huevo
120 ml de suero de mantequilla
½ cucharadita de vinagre
  de vino blanco
½ cucharadita de bicarbonato
  sódico

Para el glaseado:
75 g de mantequilla sin sal
  blanda
150 g de queso mascarpone
300 g de azúcar de lustre
  tamizado
1 cucharadita de extracto
  de vainilla
2 cucharaditas de perlas de
  azúcar rojas para decorar
  (opcional)

Precaliente el horno a 180 °C. Forre un molde para magdalenas de 12 porciones con moldes de papel para magdalenas.

Tamice en un cuenco la harina con la levadura y la sal. En otro cuenco, mezcle el cacao con el colorante hasta obtener una pasta. Reserve.

En un cuenco, bata la mantequilla con el azúcar blanquilla entre 3 y 5 minutos o hasta obtener una mezcla de consistencia ligera y esponjosa. Añada, sin dejar de batir, el huevo con la pasta de cacao roja.

Incorpore un tercio de la mezcla de harina a la mezcla batida en el cuenco grande y bata bien. Agregue la mitad del suero de mantequilla y bata bien. Incorpore otro tercio de la mezcla de harina y bata bien. Añada el suero de mantequilla restante, seguida del último tercio de la mezcla de harina; bata bien cada vez. Agregue el vinagre y el bicarbonato sódico y bata durante 2 minutos.

Llene con la masa dos tercios de los moldes. Introduzca los cupcakes en el horno precalentado y hornéelos unos 20 o 25 minutos o hasta que estén esponjosos. Para comprobar si están hechos, inserte una broqueta en el centro de uno de ellos: debería salir limpia. Retírelos del horno y deje que se enfríen.

Para el glaseado, bata la mantequilla junto con el queso mascarpone en un cuenco grande con una batidora hasta obtener una consistencia ligera y esponjosa. Añada el azúcar de lustre, cucharada a cucharada; bata entre una adición y otra. Por último, agregue batiendo el extracto de vainilla.

Ponga el glaseado en una manga pastelera con una boquilla normal y distribúyalo en forma de espiral encima de los cupcakes enfriados y espárzales por encima las perlas de azúcar rojas para decorar, si lo desea.

Delicias saludables

Cupcakes de vainilla

Esta receta básica consta de cuatro sencillos pasos, de modo que en un abrir y cerrar de ojos tendrá los cupcakes listos para hornear. Diviértase añadiendo lo que le apetezca a un cupcake que le saldrá más esponjoso y más sabroso que el típico bizcocho.

Para  Sin gluten

Para la mezcla de harina sin gluten (para 175 g):
125 g de harina de arroz blanco fina
35 g de harina de patata
15 g de harina de tapioca

180 g de azúcar blanquilla
2 huevos medianos, a temperatura ambiente
1 cucharadita de extracto de vainilla
1 cucharadita de glicerina
1 cucharadita de levadura en polvo sin gluten
½ cucharadita de goma xantana
130 ml de aceite de girasol
130 ml de leche entera

Precaliente el horno a 180 ºC. Forre un molde para magdalenas de 12 porciones con 12 moldes de papel para magdalenas.

Prepare la mezcla de harina sin gluten removiendo todas las harinas hasta que se hayan mezclado completamente o bien póngalas en un robot de cocina o en la batidora y bata hasta que se hayan mezclado. Guárdela en un recipiente hermético.

Ponga en un cuenco grande el azúcar, los huevos, la vainilla y la glicerina y bátalo todo con una batidora eléctrica manual a velocidad alta durante 4 minutos hasta que la mezcla adquiera una consistencia espesa.

Simultáneamente, ponga la mezcla de harina, la levadura y la goma xantana en un cuenco y mézclelas bien. Es aconsejable tamizarlas dos veces para asegurarse de que los ingredientes se hayan incorporado completamente.

A continuación, mezcle el aceite y la leche en una jarra. Incorpore la mezcla de harina junto con la de aceite y leche a la mezcla de huevo en el cuenco grande. Bata bien, pero no de forma excesiva.

Reparta la masa entre los moldes. Introduzca los cupcakes en el horno precalentado y hornéelos unos 15 o 20 minutos o hasta que suban. Retírelos del horno y deje que se enfríen en una rejilla.

Glasee y decore los cupcakes a su gusto.

Alternativa: Añada cualquiera de los ingredientes siguientes a la mezcla de huevo junto con la mezcla de harina: 50 g de frutas secas, 75 g de bayas frescas, 50 g de chocolate negro troceado, 50 g de frutos secos picados, la cáscara rallada de 1 limón o de 1 naranja.

Cupcakes de polenta, pera y arándanos

Nadie diría que este cupcake no contiene gluten, ya que la pera y los arándanos lo convierten en una exquisita y esponjosa delicia. Cubra los dados de pera con un poco de polenta antes de incorporarlos a la masa para evitar que se hundan en el fondo del bizcocho.

Para **12**  Sin gluten

110 g mantequilla sin sal,
    a temperatura ambiente
150 g de azúcar blanquilla
2 huevos
la cáscara de 1 limón
    finamente rallada
170 g de polenta fina
2 cucharaditas de levadura
    en polvo sin gluten
75 g de arándanos, cortados
    por la mitad si son
    grandes
1 pera madura pelada
    y cortada en dados

Para el glaseado:
50 g de mantequilla,
    en pomada
50 g de queso crema
250 g de azúcar de lustre
    tamizado
unas gotas de colorante
    alimentario morado
36 arándanos, para decorar

Precaliente el horno a 180 °C. Forre un molde para magdalenas de 12 porciones con moldes de papel para magdalenas.

En un cuenco grande, bata la mantequilla con el azúcar entre 3 y 5 minutos o hasta que la mezcla adquiera una consistencia ligera y cremosa. Añada los huevos, uno a uno, sin dejar de remover. La mezcla parecerá cortada en esta fase, pero no se preocupe, porque esto es normal. Agregue la cáscara rallada de limón.

Mezcle la polenta y la levadura en un cuenco. A continuación, vaya añadiendo gradualmente la mezcla de polenta a la mezcla batida en el cuenco grande. Bata bien. Incorpore los arándanos y los dados de pera mientras remueve con cuidado.

Llene con la masa tres cuartos de los moldes. Introduzca los cupcakes en el horno precalentado y hornéelos unos 20 o 25 minutos o hasta que se doren y estén esponjosos. Trasládelos a una rejilla para que se enfríen.

Para el glaseado, bata la mantequilla con el queso crema en un cuenco grande con una batidora eléctrica manual hasta que la mezcla adquiera una consistencia ligera y esponjosa. A continuación, vaya agregando gradualmente el azúcar de lustre y el suficiente colorante para obtener un tono lila, cada vez que bata una adición.

Ponga el glaseado en una manga pastelera con una boquilla en forma de estrella y distribúyalo en forma de espiral encima de cada cupcake en frío y corónelos con arándanos frescos.

Muffins de boniato y chocolate

La mejor forma de preparar los boniatos para recetas como esta consiste en hornearlos durante unos 50 minutos. Así, la carne se separará fácilmente de la piel, y al reducirse el volumen original del boniato se endulzará e intensificará su sabor. El horneado también elimina la cantidad de agua que contiene el boniato, por lo que solo tendrá que utilizar un poco de goma xantana para obtener la textura deseada.

Para   Sin gluten

2 boniatos grandes
   (de unos 200 g)
2 huevos medianos, a
   temperatura ambiente
150 g de azúcar extrafino

**Para la mezcla de harina
sin gluten (para 200 g):**
140 g de harina de arroz
   blanco fina
40 g de harina de patata
20 g de harina de tapioca

2 cucharaditas de levadura
   en polvo sin gluten
½ cucharaditas de goma
   xantana
150 ml de aceite de oliva
1 cucharadita de glicerina
20 g de chocolate negro
   y de chocolate blanco,
   respectivamente

Precaliente el horno a 160 °C. Forre un molde para magdalenas de 12 porciones con 12 moldes de papel para magdalenas.

Hornee el boniato durante 50 minutos o hasta que se ablande. Deje que se enfríe ligeramente y, a continuación, quítele la piel y aplástelo con un tenedor. Deje que el puré se enfríe completamente.

Suba la temperatura del horno a 180 °C.

Ponga los huevos y el azúcar en la batidora o en el robot de cocina y bata a velocidad alta durante unos 5 minutos o hasta que la mezcla adquiera una consistencia espesa y espumosa. Traslade la mezcla a un cuenco grande. Ponga la harina, la levadura y la goma xantana en otro cuenco y mezcle bien. Bata el aceite con la glicerina en una jarra pequeña.

Añada la carne de boniato a la mezcla de harina con una cuchara o con un tenedor hasta que se haya mezclado de forma irregular. Trocee groseramente el chocolate negro y el chocolate blanco y agréguelos, sin dejar de remover, a la mezcla de harina y boniato.

Añada la mezcla de aceite con la mezcla de harina y boniato a la de huevo en el cuenco grande; mezcle bien, pero con cuidado.

Ponga la masa en los moldes, introduzca los muffins en el horno precalentado y hornéelos durante 20 minutos o hasta que suban y se doren ligeramente.

Retírelos del horno y deje que se enfríen en una rejilla.

Cupcakes de chocolate

Nadie diría que estos deliciosos y esponjosos cupcakes no contienen gluten y que, además, son veganos.

Para 24 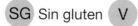 SG Sin gluten V Vegano

Para la mezcla de harina sin gluten (para 230 g):
155 g de harina de arroz blanco
55 g de almidón de patata
20 g de almidón de tapioca
¾ de cucharadita de goma xantana

340 g de jugo de caña evaporado
75 g de cacao en polvo
1 cucharadita de levadura en polvo, 2 de bicarbonato sódico, 1 de sal y 1 de extracto de vainilla
240 ml de café fuerte frío
120 ml de aceite vegetal
240 ml de leche de soja y vinagre de sidra*
3 cucharaditas de sucedáneo de huevo, batido con 4 cucharadas de agua

Para la crema de mantequilla de coco:
225 g de sucedáneo de mantequilla
420 g de azúcar lustre orgánico
140 g de coco seco sin azúcar cortado en tiras finas
2 cucharadas de agua
1 cucharadita de extracto de vainilla

Precaliente el horno a 180 °C. Forre 2 moldes para magdalenas de 12 porciones de tamaño estándar con moldes de papel para magdalenas.

Para preparar la mezcla de harinas, mezcle los ingredientes (la mezcla se puede guardar en el frigorífico dentro de un recipiente hermético hasta un máximo de 90 días).

En la batidora o en el robot de cocina, mezcle la harina, el jugo de caña, el cacao, la levadura, el bicarbonato sódico y la sal. En un cuenco, bata el café frío, el aceite, el extracto de vainilla y la mezcla de leche de soja y vinagre. Ponga la batidora o el robot a velocidad media y vaya vertiendo gradualmente la mezcla de los ingredientes líquidos en la mezcla de los ingredientes secos. Bata durante 1 minuto. Añada el sucedáneo de huevo y bata durante otro minuto más. La masa debe quedar fina. Ponga 4 cucharadas de la masa en cada molde.

Introduzca los cupcakes en el horno precalentado y hornéelos unos 18 o 20 minutos. Para comprobar si están hechos, inserte una broqueta de madera en el centro de uno de los cupcakes: debería salir limpia. Deje que se enfríen sobre una rejilla durante 30 minutos.

Simultáneamente, prepare la mantequilla de coco. En la batidora o en el robot de cocina, bata el sucedáneo de mantequilla hasta obtener una textura fina y homogénea. Pare la batidora o el robot y rebañe los lados del cuenco. Añada el azúcar y bata a poca velocidad durante 1 minuto. Agregue la mitad del coco, el agua y el extracto de vainilla. Bata a velocidad alta durante unos 30 segundos o hasta que todo se haya mezclado y la mezcla adquiera una consistencia esponjosa.

A continuación, prepare la crema de mantequilla de chocolate. Con la batidora eléctrica manual, bata en un cuenco a velocidad media el sucedáneo de mantequilla durante unos 20 segundos hasta obtener una mezcla de consistencia fina y homogénea. Añada los ingredientes secos y bata a velocidad

Para la crema de mantequilla de chocolate:

225 g de sucedáneo de mantequilla

1 cucharadita de extracto de vainilla

2 cucharadas de agua

420 g de azúcar de lustre orgánico

200 g de coco seco sin azúcar en tiras finas

baja durante 1 minuto. Agregue el agua y bata a velocidad media hasta que se haya mezclado, aumente la velocidad y bata a velocidad alta durante 2 minutos o hasta que la mezcla adquiera una consistencia ligera y esponjosa.

Glasee la mitad de los cupcakes ya fríos con la crema batida de coco y cúbralos con el coco restante. Glasee la otra mitad de los cupcakes con la crema batida de chocolate.

*Para preparar la mezcla de leche de soja y vinagre, vierta 1 cucharada del vinagre de sidra en un vaso medidor y agregue leche hasta alcanzar los 240 ml.

Cupcakes de fresas y limón

Una receta divertida para prepararla en familia. La crema de mantequilla de fresa rebosa del corazón de estos cupcakes, mientras el glaseado de limón se desliza por los lados. Tenga una buena provisión de servilletas a mano cuando los sirva.

Para   Vegano

225 g de sucedáneo de mantequilla, a temperatura ambiente

225 g de jugo de caña evaporado

2 cucharaditas de extracto de vainilla

390 g de harina sin blanquear

4 cucharaditas de levadura en polvo

6 cucharaditas de sucedáneo de huevo, batido con 8 cucharadas de agua templada

240 ml de leche de soja

1 cucharada de vinagre de sidra

Para la crema de mantequilla de fresa:

225 g de sucedáneo de mantequilla, a temperatura ambiente

45 g de fresas sin tallos

490 g de azúcar de lustre orgánico

Precaliente el horno a 180 ºC. Forre 20 porciones de 2 moldes para cupcakes de 12 porciones de tamaño estándar con moldes de papel para cupcakes.

Con la batidora eléctrica manual, bata en un cuenco grande a velocidad media el sucedáneo de mantequilla con el jugo de caña y el extracto de vainilla durante unos 20 segundos hasta que los ingredientes se hayan mezclado. Pare la batidora y rebañe los lados del cuenco; a continuación, continúe batiendo la mezcla a velocidad alta durante unos 2 minutos o hasta que adquiera una consistencia ligera y esponjosa.

En un cuenco pequeño, mezcle la harina y la levadura. En otro cuenco, mezcle el sucedáneo de huevo, la leche de soja y el vinagre. Vaya incorporando al cuenco grande la mezcla de los ingredientes secos y la de los ingredientes líquidos de forma alternada, de modo que empiece y acabe con los ingredientes secos; bata durante 10 segundos entre un añadido y otro. Pare la batidora y rebañe los lados del cuenco. Asegúrese de que todo el sucedáneo de mantequilla se haya incorporado. Ponga 4 cucharadas de la masa en cada molde.

Introduzca los cupcakes en el horno precalentado y hornéelos durante unos 20 o 25 minutos. Para comprobar si están hechos, inserte una broqueta de madera en el centro de uno de los cupcakes: debería salir limpia. Retírelos del horno y deje que se enfríen sobre unas rejillas durante 30 minutos.

Mientras, prepare la crema de mantequilla de fresa. Con la batidora eléctrica manual, bata en un cuenco a velocidad media el sucedáneo de mantequilla durante unos 30 segundos hasta obtener una consistencia fina y homogénea. Ponga las fresas en el robot de cocina o en la batidora y bata hasta obtener un puré. Incorpórelo al cuenco y bata durante 30 segundos. Pare la batidora y rebañe los lados del cuenco. Añada el azúcar y bata a poca velocidad durante 30 segundos hasta que se haya incorporado. Bata la crema a velocidad alta 2 minutos más hasta obtener una consistencia ligera y esponjosa. Reserve.

Para el glaseado de limón:

140 g de azúcar de lustre
1 cucharada de zumo
   de limón
1 cucharada de agua

Prepare el glaseado de limón. En un cuenco pequeño, bata el azúcar de lustre junto con el zumo de limón y el agua. Reserve.

Cuando los cupcakes se hayan enfriado, ponga la crema mantequilla de fresa en una manga pastelera o en una bolsa con cierre con una de las esquinas inferiores cortada. Inyéctela en cada cupcake hasta que estos comiencen a abrirse. Vierta el glaseado de limón por encima.

Muffins de arándanos rojos y canela

El sabor especiado de la canela combinado con la acidez de los arándanos rojos deleitará su paladar. Pinte los muffins con mantequilla vegana y espolvoréelos con azúcar y canela para que aún estén más deliciosos, si cabe.

Para 8 V Vegano

195 g de harina sin blanquear
130 g de jugo de caña evaporado
2 cucharaditas de canela molida
2 cucharaditas de levadura en polvo
½ cucharadita de sal
80 ml de aceite vegetal
80 ml de leche de soja
3 cucharaditas de sucedáneo de huevo, batido con 4 cucharadas de agua templada
2 cucharaditas de extracto de vainilla
90 g de arándanos rojos secos

Precaliente el horno a 180 °C. Forre 8 porciones de un molde para magdalenas de 12 porciones con moldes de papel para magdalenas.

En un cuenco grande, mezcle la harina, el jugo de caña, la canela, la levadura y la sal. Añada el aceite, la leche de soja, el sucedáneo de huevo y el extracto de vainilla y remueva bien hasta que todo se haya mezclado. Incorpore los arándanos rojos secos. La masa debe quedar muy espesa.

Ponga 4 cucharadas de la masa en cada molde. Introduzca los muffins en el horno precalentado y hornéelos durante unos 18 o 20 minutos. Para comprobar si están hechos, inserte una broqueta de madera en el centro de uno de los muffins: debería salir limpia.

Muffins de frambuesas y plátano

Puede preparar esta receta durante todo el año, dado que requiere frambuesas congeladas, ya que suelen tener un sabor más intenso que las frescas.

Para 8

200 g de harina
2 cucharadas de levadura
    en polvo
8 cucharadas de edulcorante
    granulado
100 g de frambuesas
    congeladas, brevemente
    descongeladas
1 huevo
1 cucharadita de extracto
    de vainilla
50 g de mantequilla fundida
100 ml de leche
    semidesnatada
1 plátano maduro aplastado

Precaliente el horno a 200 °C. Forre un molde para magdalenas de 12 porciones con 8 moldes de papel para magdalenas o con 8 cuadrados de papel manteca.

Tamice la harina junto con la levadura en un cuenco grande. Añada sin dejar de remover el edulcorante y las frambuesas.

En otro cuenco, bata el huevo con el extracto de vainilla, la mantequilla fundida y la leche. Incorpore la mezcla resultante, junto con el plátano aplastado a la mezcla de los ingredientes secos en el cuenco grande y remueva hasta que todo se haya combinado. No remueva en exceso y no bata. La masa debe quedar bastante grumosa, pero sin contener restos de harina seca. Ponga la masa en los moldes.

Introduzca los muffins en el horno precalentado y hornéelos durante unos 20 o 25 minutos o hasta que suban y se doren. Deje que se enfríen sobre una rejilla.

Cupcakes de ruibarbo y jengibre

Estos cupcakes sin gluten, coronados con un glaseado de ruibarbo, son absolutamente deliciosos. Si no encuentra jengibre cristalizado, utilice en su lugar jengibre confitado, escurrido. Si el ruibarbo de que dispone no tiene un tono muy rojo, añada un par de chorritos de colorante rojo al glaseado para teñirlo de rosa claro.

Para **12**   **SG** Sin gluten

100 g de mantequilla sin sal, en pomada
240 g de azúcar blanquilla
2 huevos grandes
150 g de polenta fina
1 cucharadita de sal
1 cucharadita de levadura en polvo sin gluten
1 tallo (70 g aprox.) de ruibarbo cortado en dados
175 ml de suero de mantequilla
70 g de jengibre cristalizado finamente picado

Para el glaseado:
½ tallo (35 gr aprox.) de ruibarbo cortado en rodajas finas
325 g de azúcar de lustre
2 cucharaditas de agua
100 g de queso crema
colorante alimentario rosa en pasta (opcional)
1 cucharada de bolitas de azúcar multicolores, para decorar

Precaliente el horno a 180 °C. Forre un molde para magdalenas de 12 porciones con moldes de papel para magdalenas.

En un cuenco grande, bata la mantequilla con el azúcar entre 3 y 5 minutos hasta obtener una mezcla de consistencia ligera y cremosa. Añada los huevos, uno a uno, mientras bate. Tamice la polenta, la sal y la levadura en otro cuenco.

En un cuenco pequeño, pase los dados de ruibarbo por un poco de la polenta tamizada hasta que queden cubiertos. Reserve.

Incorpore un tercio de la mezcla de polenta a la mezcla batida en el cuenco grande y bata bien. Añada la mitad del suero de mantequilla y bata bien. Incorpore otro tercio de la mezcla de polenta y bata bien. Agregue la restante, seguida del último tercio de la mezcla de polenta; bata bien cada vez. Añada los dados de ruibarbo cubiertos de polenta removiendo con cuidado.

Llene con la masa tres cuartos de los moldes. Hornéelos unos 25 minutos o hasta que se doren y estén esponjosos. Deje que se enfríen en una rejilla.

Para el glaseado, ponga el ruibarbo en un cazo de fondo grueso. Añada 25 g del azúcar de lustre con 2 cucharadas de agua. Lleve a ebullición lentamente a fuego bajo, sin dejar de remover, hasta que el azúcar se derrita. Deje hervir a fuego lento unos 5 minutos, hasta que el ruibarbo se deshaga. Retírelo del fuego.

Ponga el queso crema en un cuenco grande y bata hasta obtener una consistencia ligera y esponjosa. Incorpore gradualmente el azúcar de lustre restante, batiendo continuamente. Añada batiendo el ruibarbo frío con el colorante, si ha decidido añadirlo. Bata durante 2 minutos hasta que el glaseado adquiera una consistencia ligera y espumosa.

Ponga el glaseado en una manga pastelera y distribúyalo en forma de espiral sobre los cupcakes fríos. Espolvoree con las bolitas multicolores.

Cupcakes especiados de frutas secas

Estos cupcakes dulces y especiados no tienen grasas, pero están llenos de sabor. Decórelos solo cuando se disponga a servirlos, ya que a diferencia de la crema de mantequilla —que no es baja en grasas precisamente—, el aderezo de merengue comenzará a desmoronarse pasadas un par de horas. Debido a la naturaleza de la masa, estos cupcakes no suben mucho, por lo que puede llenar los moldes casi hasta arriba.

Para 12 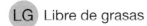 LG Libre de grasas

40 g de harina con levadura
50 g de azúcar de lustre
1 cucharadita de canela
  molida
½ cucharadita de jengibre
  molido
½ cucharadita de nuez
  moscada molida
4 claras de huevo grandes
una pizca de sal
¾ de cucharadita de crémor
  tártaro
70 g do azúcar blanquilla
50 g de pasas sultanas
50 g de uvas pasas

Para el glaseado:
2 claras de huevo
100 g de azúcar blanquilla
¼ de cucharadita de crémor
  tártaro
2 trozos de jengibre
  cristalizado finamente
  cortados
jengibre molido, para
  espolvorear

Precaliente el horno a 180 °C. Forre un molde para magdalenas de 12 porciones con moldes de papel para magdalenas.

En un cuenco, tamice la harina con el azúcar de lustre, la canela, el jengibre y la nuez moscada. En un cuenco grande, bata las claras de huevo con la sal hasta que estén a punto de nieve. Añada el crémor tártaro y continúe batiendo. A continuación, vaya agregando el azúcar blanquilla, cucharada a cucharada, sin dejar de batir hasta que el merengue adquiera una consistencia firme.

Incorpore con cuidado la mezcla de harina al merengue en el cuenco grande. A continuación, añada las pasas sultanas y las uvas pasas; conserve la mayor cantidad de aire posible en la masa y procure que no baje.

Llene los moldes con la masa. Introduzca los cupcakes en el horno precalentado y hornéelos entre 15 y 17 minutos o hasta que se doren y estén esponjosos. Trasládelos a una rejilla para que se enfríen.

Para el glaseado, ponga las claras de huevo, el azúcar extrafino y el crémor tártaro en un cuenco refractario suspendido en una cacerola con agua hirviendo a fuego lento. Bata continuamente unos 3 o 4 minutos hasta que el azúcar se disuelva y las claras de huevo estén calientes al tacto. Retire el cuenco del fuego y con la batidora eléctrica manual o en el robot de cocina bata la mezcla entre 5 y 7 minutos o hasta que el merengue esté firme y lustroso.

Ponga el merengue en una manga pastelera con una boquilla normal y distribúyalo encima de los cupcakes fríos. Corónelos con un trocito de jengibre cristalizado y espolvoréelos con canela molida. Sírvalos enseguida.

Exquisiteces refinadas

Cupcakes de merengue y almíbar de limón

A estos cupcakes, basados en el clásico bizcocho de limón glaseado, se les ha dado un toque moderno con una decoración de merengue. El sabor ácido del esponjoso bizcocho cítrico combina a la perfección con el sabor dulce del lustroso merengue. Tuéstelo en el grill del horno o con un soplete de cocina.

Para 12

125 g de mantequilla sin sal, a temperatura ambiente
175 g de azúcar blanquilla
2 huevos grandes
la cáscara de 2 limones, finamente rallada
175 g de harina con levadura
una pizca de sal
4 cucharadas de leche

Para el almíbar de limón:
el zumo de 2 limones
100 g de azúcar de lustre

Para el glaseado:
3 claras de huevo
150 g de azúcar blanquilla
¼ de cucharadita de crémor tártaro

Precaliente el horno a 180 °C. Forre un molde para magdalenas de 12 porciones con moldes hondos de papel de plata para magdalenas.

En un cuenco grande, bata la mantequilla con el azúcar de lustre entre 3 y 5 minutos o hasta que la mezcla adquiera un tono pálido y una consistencia esponjosa. Añada los huevos, uno a uno, sin dejar de batir. Agregue, mientras remueve, la cáscara rallada de limón.

Incorpore removiendo la harina con la sal hasta obtener una masa espesa. Añada la leche y mezcle. Llene con la masa dos tercios de los moldes. Introduzca los cupcakes en el horno precalentado y hornéelos unos 20 minutos o hasta que suban y estén esponjosos.

Mientras los cupcakes se hornean, prepare el almíbar. Vierta el zumo de limón y el azúcar de lustre en un cazo y caliente a fuego suave hasta que el azúcar se disuelva. Deje que hierva hasta que se reduzca a un tercio. Cuando retire los cupcakes del horno, hágales unos agujeritos en la superficie con un palillo y vierta por encima el almíbar. Deje que se enfríen completamente en el molde.

Para el glaseado, ponga las claras de huevo, el azúcar blanquilla y el crémor tártaro en un cuenco refractario suspendido en una cacerola con agua hirviendo a fuego lento. Bata continuamente unos 3 o 4 minutos hasta que el azúcar se disuelva y las claras de huevo estén calientes. Retire el cuenco del fuego y con la batidora eléctrica manual o en el robot de cocina bata la mezcla entre 5 y 7 minutos o hasta que el merengue quede firme y lustroso.

Caliente el grill del horno a temperatura alta. Ponga el merengue en una manga pastelera con una boquilla en forma de estrella, distribúyalo encima de los cupcakes y colóquelos bajo el grill entre 1 o 2 minutos o hasta que se tuesten y se doren.

Muffins de tomillo dulce, azúcar de caña y chocolate blanco

Relajarse con una taza de café recién hecho, un zumo de fruta recién exprimido y un fragante muffin recién horneado y aún caliente es una manera perfecta de comenzar un soleado día de fiesta. Y sin duda estos muffins le levantarán el ánimo en los melancólicos días de lluvia.

Para 12

100 g de azúcar de caña
100 g de azúcar moreno
2 huevos
125 ml de aceite vegetal
250 ml de leche
20 g de hojas de tomillo
1 cucharadita de extracto
   de vainilla
400 g do harina
4 cucharaditas de levadura
   en polvo
1 cucharadita de sal
150 g de chocolate blanco,
   troceado en pedazos
   pequeños

Precaliente el horno a 200 °C. Forre un molde para magdalenas de 12 porciones con moldes de papel para magdalenas.

En un cuenco grande, bata los huevos con los azúcares, el aceite, la leche, las hojas de tomillo y el extracto de vainilla.

En un cuenco, mezcle la harina, la levadura y la sal. Añada la mezcla resultante a la mezcla batida en el cuenco grande y bata hasta obtener una consistencia fina y homogénea. Incorpore los pedazos de chocolate.

Llene los moldes con la masa casi hasta arriba. Introduzca los muffins en el horno precalentado y hornéelos 20 o 25 minutos o hasta que se doren. Déjelos enfriar. Lo ideal sería que los sirviera recién horneados y aún calientes. Guárdelos en un recipiente hermético y consúmalos en el plazo de cinco días.

Magdalenas mariposa de chocolate blanco

Mime al niño que lleva dentro con estas preciosas magdalenas espolvoreadas con bolitas de azúcar de todos los colores del arcoíris. ¡Son irresistibles!

Para **20–24**

175 g de mantequilla sin sal cortada en dados

175 g de azúcar blanquilla dorado

la cáscara de 1 naranja finamente rallada

2 huevos grandes, con las yemas separadas de las claras

100 ml de leche

175 g de harina

1 ½ cucharaditas de levadura en polvo

Para el glaseado:

250 g de queso mascarpone

1 cucharadita de extracto de vainilla

25 g de miel de caña

10 g de azúcar de lustre tamizado

50 g de chocolate blanco troceado

bolitas de azúcar de colores

Precaliente el horno a 190 °C. Forre 2 moldes para magdalenas de 12 porciones con moldes de papel para magdalenas.

Bata la mantequilla con el azúcar en el robot de cocina o en la batidora hasta que adquiera un tono casi blanco. Agregue la cáscara rallada junto con las yemas de huevo y, a continuación, la leche; continúe batiendo hasta que la mezcla se haya homogeneizado. Trasládela a un cuenco grande.

En otro cuenco, tamice los ingredientes secos dos veces, e incorpore la mezcla resultante a la de mantequilla en el cuenco grande, un tercio cada vez.

En un cuenco, bata las claras de huevo hasta que estén firmes e incorpórelas en dos tandas a la masa en el cuenco grande. Llene con la masa los moldes hasta la mitad aproximadamente. Introduzca las magdalenas en el horno precalentado y hornéelas durante 20 minutos (si las pone en el estante inferior del horno tardarán unos cuantos minutos más en hornearse). Retírelas del horno y deje que se enfríen en los moldes antes de sacarlas.

Para el glaseado, prepare la crema de vainilla: ponga el queso mascarpone en un cuenco y añada batiendo el extracto de vainilla y, a continuación, la miel de caña y el azúcar de lustre. Funda el chocolate en un cuenco refractario suspendido en una cacerola con agua hirviendo a fuego lento.

Con un cuchillo pequeño y afilado, corte un cono poco hondo de bizcocho del centro de cada cupcake y divídalo por la mitad. Rellene el hueco de la magdalena con la crema de vainilla. Ponga un puñado de bolitas de azúcar de colores en un cuenco pequeño.

Sumerja las puntas curvadas de las dos mitades del cono de bizcocho, que parecen unas alas de mariposa, primero en el chocolate fundido y a continuación en las bolitas de azúcar. Inserte las dos mitades del cono de bizcocho en la crema de vainilla en ángulo, con las puntas cubiertas de bolitas hacia arriba. Deje que las magdalenas reposen en un lugar fresco. Si no las va a consumir en unas horas, consérvelas en un recipiente hermético.

Cupcakes de chocolate y azúcar mascabado con trocitos de cacao y almíbar maya especiado

Estos cupcakes esponjosos y untuosos, repletos de crujientes trocitos de cacao y bañados en un aromático almíbar dulce y especiado, son un postre perfecto servidos recién horneados y aún calientes acompañados con helado de vainilla o con una taza de rooibos o de té Earl Grey frío.

Para 12

110 g de harina con levadura

85 g de cacao negro en polvo, de la mejor calidad que pueda encontrar

½ cucharadita de sal marina

185 g de mantequilla sin sal

225 g de azúcar mascabado sin refinar

85 ml de agua

85 ml de nata doble

2 huevos de granja medianos

50 g de trocitos de cacao machacados

Para el almíbar:

200 ml de agua

200 g de azúcar blanquilla dorada sin refinar

½ nuez moscada fresca rallada

1 rama de canela, partida en dos

¼ de cucharadita de guindilla en polvo

Precaliente el horno a 180 °C. Puede utilizar moldes de papel para magdalenas ya hechos o, si prefiere un estilo más moderno, hágalos usted mismo con papel de horno antiadherente: corte cuadrados de 15 cm del papel de horno, estrújelos con la mano y, a continuación, despliéguelos justo para que se ajusten al molde.

Ponga la harina, el cacao, la sal y la mantequilla en un cuenco grande. Mézclelos con los dedos hasta obtener una consistencia de migas de pan. Añada el azúcar y mezcle bien.

Llene una jarra medidora con 85 ml de agua y agregue la nata y los huevos. Bata bien y vierta la mezcla resultante en el cuenco grande con la mezcla de los ingredientes secos. Remueva hasta que la mezcla adquiera una consistencia fina y homogénea.

Llene con la masa tres cuartos de los moldes. Esparza un buen puñado de trocitos de cacao por encima. Introduzca los cupcakes en el horno precalentado y hornéelos entre 12 y 15 minutos o hasta que estén esponjosos. Retírelos del horno y colóquelos en una rejilla para que se enfríen.

Para preparar el almíbar, lleve el agua a ebullición en un cazo junto con el azúcar y todas las especias y déjelo hervir a fuego lento unos 5 minutos. Retírelo del fuego y déjelo reposar durante 15 minutos. Cuélelo con un colador en una jarra.

Cuando los cupcakes estén aún calientes, vierta gradualmente el almíbar por encima de manera uniforme hasta que se vuelvan lustrosos y se hayan impregnado bien. Si se propone servirlos como postre emplatado, reserve un poco de almíbar para rociarlo por encima y alrededor de los cupcakes.

Muffins de mole mexicano

Estos muffins le sorprenderán y, a medida que los vaya comiendo, se le llenará la boca del sabor picante de la guindilla, que constituye uno de los más antiguos maridajes del chocolate, por lo que estos muffins son una estupenda manera de saborear esta combinación.

Para 12

100 g de chocolate con leche, preferiblemente con un 34 % de cacao
10 g o más de guindillas rojas frescas (las guindillas de un pulgar o un dedo de longitud suelen ser moderadamente picantes)
200 g de harina
25 g de cacao en polvo de buena calidad
1 cucharadita de levadura en polvo
½ cucharadita de sal
110 g de azúcar blanquilla
2 huevos medianos
100 ml de aceite de girasol
225 g de leche
1 cucharadita de extracto de vainilla

Precaliente el horno a 200 ºC. Forre un molde para magdalenas de 12 porciones con moldes dobles de papel para magdalenas.

Ralle groseramente el chocolate con leche. Corte las guindillas en dados finos; deseche las semillas y la membrana, y vaya con cuidado para no tocar la carne de las guindillas. Es aconsejable utilizar guantes de goma para manipularlas.

Tamice la harina con el cacao, la levadura y la sal en un cuenco grande y, a continuación, añada sin dejar de remover el azúcar, el chocolate rallado y la guindilla. Haga un hueco en el centro de la mezcla.

En otro cuenco, bata los huevos con el aceite de girasol hasta que la mezcla adquiera una consistencia espumosa. Incorpore gradualmente la leche y el extracto de vainilla mientras bate. Vierta la mezcla de los ingredientes líquidos en el hueco de la mezcla de los ingredientes secos en el cuenco grande y remueva solo hasta que se hayan mezclado. No remueva en exceso o, de lo contrario, la masa no tendrá la textura irregular de un muffin tradicional.

Llene con la masa tres cuartos de los moldes. Introduzca los muffins en el horno precalentado y hornéelos durante 20 minutos, aproximadamente, o hasta que suban y queden esponjosos.

Deje que se enfríen en el molde unos minutos antes de retirarlos y sírvalos recién horneados y aún calientes o bien trasládelos a una rejilla para que se enfríen completamente.

Cupcakes
de *banoffee*

Una alternativa irresistible a la clásica tarta de *banoffee*. Cuando necesite una inyección de dulce, saboree una de estas delicias de plátano y *toffee*.

Para 24

125 g de mantequilla sin sal
    cortada en dados
125 g de azúcar blanquilla
    dorada
3 huevos medianos
3 cucharadas de leche
250 g de harina con levadura
1 cucharadita de levadura
    en polvo
1 cucharadita colmada
    de canela molida
3 plátanos maduros
    aplastados

Para el almíbar:
350 g (aproximadamente)
    de dulce de leche
corazones de chocolate
    y azúcar de lustre, para
    decorar

Precaliente el horno a 190 ºC y forre 2 moldes para magdalenas de 12 porciones con 24 moldes de papel para magdalenas

En un cuenco grande, bata la mantequilla con el azúcar y, a continuación incorpore los huevos, uno a uno, y agregue la leche. Parecerá que la mezcla se ha cortado, pero no se preocupe, porque esto es normal.

En otro cuenco, tamice los ingredientes secos. Incorpore la mezcla resultante a la mezcla batida en el cuenco grande. Añada sin dejar de remover los plátanos aplastados. Si lo prefiere, puede preparar la mezcla en el robot de cocina o en la batidora, en cuyo caso bata brevemente la mezcla después de añadir los plátanos.

Llene con una cucharada de masa, aproximadamente, dos tercios cada molde. Introduzca los cupcakes en el horno precalentado y hornéelos durante 25 minutos o hasta que suban y se doren. Déjelos enfriar.

Extienda una cucharadita del dulce de leche por encima de cada cupcake, pero sin cubrirlos completamente. Decórelos con un corazón de chocolate en el centro. Espolvoréelos con azúcar de lustre utilizando un colador de té, si lo desea.

Cupcakes de rosas y chocolate blanco

Estos preciosos cupcakes son perfectos para bodas, cumpleaños, aniversarios o fiestas al aire libre, o bien para acompañar el té de la tarde. El sabor del agua de rosas varía en intensidad (generalmente, cuanto más cara sea, más intenso será su sabor), por lo que es conveniente que vaya probando la masa para evitar que su sabor anule el del chocolate blanco.

Para 12

200 g de harina
1 cucharadita de levadura
   en polvo
½ cucharadita de sal
50 g de mantequilla sin sal,
   a temperatura ambiente
150 g de azúcar blanquilla
1 huevo
1-2 cucharadas de agua
   de rosas, o al gusto
120 ml de leche batida
½ cucharadita de vinagre
   de vino blanco
½ cucharadita de
   bicarbonato sódico
100 g de pepitas de
   chocolate blanco

Para el glaseado:
150 g de pepitas de
   chocolate blanco
140 g de queso mascarpone
140 g de azúcar de lustre
   tamizado
Cinta de color rosa pálido y
   pétalos frescos de rosas
   de color rosa, para decorar

Precaliente el horno a 180 ºC. Forre un molde para magdalenas de 12 porciones con moldes de papel para magdalenas.

Tamice en un cuenco la harina junto con la levadura y la sal.

En un cuenco grande, bata la mantequilla con el azúcar blanquilla entre unos 3 y 5 minutos o hasta que la mezcla adquiera una consistencia ligera y esponjosa. Añada sin dejar de batir el huevo con el agua de rosas. Rebañe los lados del cuenco de vez en cuando.

Incorpore un tercio de la mezcla de harina a la mezcla batida en el cuenco grande y bata bien. Añada la mitad de la leche batida y bata bien. Incorpore otro tercio de la mezcla de harina y bata bien. Agregue la leche batida restante, seguida del último tercio de la mezcla de harina; bata bien entre un añadido y otro. Añada el vinagre junto con el bicarbonato sódico y bata durante 2 minutos. Agregue sin dejar de remover las pepitas de chocolate. Pruebe la masa y añada más agua de rosas si fuera preciso.

Llene los moldes hasta arriba con la masa. Introduzca los cupcakes en el horno precalentado y hornéelos entre 20 y 25 minutos o hasta que estén esponjosos. Retírelos del horno y deje que se enfríen en una rejilla.

Para el glaseado, funda el chocolate en un cuenco refractario suspendido en una cacerola con agua hirviendo a fuego lento. Retírelo del fuego y deje que se enfríe un poco.

Simultáneamente, bata el queso mascarpone con el azúcar de lustre en un cuenco hasta que la mezcla adquiera una consistencia ligera y cremosa. Incorpore sin dejar de batir la mezcla resultante en el chocolate fundido.

Ponga 2 cucharadas del glaseado sobre cada cupcake y extiéndalo con una espátula. Decórelos con pétalos de rosa u otras flores comestibles.

Cupcakes de brownie de chocolate y malta

Este cruce entre un brownie de chocolate y un cupcake es ideal para que lo preparen los niños. Se puede servir recién horneado y aún caliente, sin el glaseado, si no se pueden esperar.

Para 12

225 g de mantequilla
60 g de cacao en polvo
250 g de azúcar blanquilla
3 huevos grandes batidos
2 cucharaditas de extracto de vainilla
60 g de harina de trigo tamizada
una pizca de sal
100 g de bolas de chocolate con leche malteado (malteser)

Para el glaseado:
100 g de mantequilla sin sal blanda
200 g de azúcar de lustre
100 g de extracto de malta en polvo
2-3 cucharadas de leche
12 bolas de chocolate con leche malteado (Maltesers)

Precaliente el horno a 180 °C. Forre un molde para magdalenas de 12 porciones con moldes de papel para magdalenas.

Ponga la mantequilla en una cacerola con el cacao y el azúcar blanquilla y caliente a fuego bajo hasta que la mantequilla se derrita y el azúcar se disuelva. Retire del fuego y deje que se enfríe ligeramente.

Añada sin dejar de batir los huevos batidos con el extracto de vainilla y la harina con la sal. Mezcle bien y, a continuación, incorpore las bolas de chocolate con leche malteado.

Traslade la masa a una jarra y viértala en los moldes hasta llenar tres cuartos. Introduzca los cupcakes en el horno precalentado y hornéelos entre 15 y 20 minutos o hasta que se forme una costra en su superficie pero el centro se mantenga esponjoso. Sáquelas del horno y deje que se enfríen en el molde antes de retirarlos.

Para el glaseado, con la batidora eléctrica manual bata a poca velocidad en un cuenco grande la mantequilla con el azúcar de lustre y el extracto de malta en polvo hasta que se hayan mezclado. Cuando la mezcla se haya ligado, añada la leche y bata a velocidad media-alta entre 4 y 5 minutos o hasta obtener una consistencia adecuada para glasear.

Ponga el glaseado en una manga pastelera con una boquilla normal y distribúyalo en forma de espiral encima de los cupcakes ya fríos y corónelos con una bola de chocolate con leche malteado.

Pastelitos de chocolate blanco y pistachos

Estos deliciosos pastelitos con sabor a pistacho son muy fáciles de hacer y saben tan ricos que parecerá que se haya pasado horas en la cocina preparándolos.

Para **12–14**

110 g de mantequilla sin sal cortada en dados

110 g de azúcar blanquilla dorada

La cáscara de 1 naranja finamente rallada

2 huevos medianos, con las yemas separadas de las claras

75 ml de leche

140 g de harina

1 cucharadita de levadura en polvo

¼ de cucharadita de sal marina

25 g de pistachos crudos sin cáscara, groseramente picados

25 g de pepitas de chocolate blanco

Para la decoración:

1 cucharada de pistachos crudos sin cáscara, molidos

75 g de mermelada de albaricoque

Precaliente el horno a 190 ºC. Forre 1 o 2 moldes para magdalenas de 12 porciones con 12 o 14 moldes de papel para magdalenas.

Bata la mantequilla con el azúcar en el robot de cocina o en la batidora hasta que la mezcla adquiera un tono casi blanco. Añada la cáscara rallada de naranja con las yemas de huevo y, a continuación, la leche; bata hasta que la mezcla se haya homogeneizado. Traslade la mezcla a un cuenco grande.

En otro cuenco, tamice la harina con la levadura dos veces. Incorpore la mezcla resultante a la mezcla de mantequilla del cuenco grande en dos tandas y, a continuación añada la sal junto con los pistachos y las pepitas de chocolate y remueva.

Bata las claras de huevo en un cuenco hasta que estén firmes e incorpórelas en dos tandas a la masa del cuenco grande con el mayor cuidado posible. Llene con la masa dos tercios de los moldes. Introduzca los pastelitos en el horno precalentado y hornéelos entre 15 y 20 minutos (si los coloca en el estante inferior del horno tardarán unos cuantos minutos más en hornearse). Sáquelos del horno y deje que se enfríen en los moldes antes de retirarlos.

Para la decoración, ponga los pistachos en un molinillo de café y píquelos finamente. En un cazo, caliente la mermelada a fuego suave hasta que adquiera una consistencia fina y, a continuación, cuélela con un colador.

Pinte los pastelitos con la mermelada y espárzales los pistachos molidos por encima.

Cupcakes de trufa

Estos cupcakes tienen un intenso sabor a chocolate negro, un poco más amargo de lo habitual, y están coronados con un glaseado que es pura trufa de chocolate.

Para 14

100 ml de agua hirviendo
25 g de cacao en polvo
50 g de mantequilla sin sal
    cortada en dados
100 g de azúcar blanquilla
    dorada
1 huevo mediano
85 g de harina
½ cucharadita de
    bicarbonato sódico
¼ de cucharadita de
    levadura en polvo

Para el glaseado:
100 ml de nata doble
100 g de chocolate
    negro (75 % de cacao,
    aproximadamente),
    troceado
ralladuras de chocolate
    (negro o con leche)
azúcar de lustre, para
    espolvorear (opcional)

Precaliente el horno a 190 °C. Forre 2 moldes para magdalenas de 12 porciones con 14 moldes de papel para magdalenas.

En un cuenco pequeño vierta los 100 ml de agua hirviendo encima del cacao en polvo y bata hasta obtener una solución de cacao de consistencia fina y homogénea; déjela enfriar a temperatura ambiente.

Bata la mantequilla con el azúcar en el robot de cocina o en la batidora hasta que la mezcla adquiera un tono pálido. Incorpore el huevo, los ingredientes secos y, por último, agregue la solución de cacao y remueva.

Llene con la masa los moldes hasta la mitad. Introduzca los cupcakes en el horno precalentado y hornéelos entre 17 y 20 minutos o hasta que suban y estén esponjosos. A continuación, retírelos del horno y deje que se enfríen.

Para el glaseado, prepare la crema de chocolate: en un cazo lleve la nata a ebullición y, a continuación, viértala encima del chocolate negro troceado en un cuenco pequeño. Deje reposar la mezcla durante unos minutos y, después, remuévala hasta que el chocolate se disuelva. Déjela reposar unos minutos más y remuévala otra vez hasta obtener una crema espesa y lustrosa. Si el chocolate no se ha fundido completamente, traslade la mezcla a un cuenco suspendido en una cacerola con agua hirviendo a fuego lento y caliéntela un poco, removiendo hasta obtener una crema de consistencia fina y homogénea.

Ponga una cucharadita del glaseado encima de cada cupcake y extiéndala hacia los bordes con una espátula pequeña o con un cuchillo de mesa sin sierra. Espárzales ralladuras de chocolate por encima y espolvoréelos con azúcar de lustre utilizando un colador de té, si lo desea. Deje que se asienten durante 1 hora, aproximadamente.

Cupcakes de manzana y *toffee*

Estos cupcakes de manzana con glaseado de caramelo, inspirados en las manzanas caramelizadas con *toffee*, son ideales para que los preparen los niños.

Para **18**

200 g de harina con levadura, más 25 g adicionales
1 cucharadita de levadura en polvo
2 cucharaditas de canela
175 g de mantequilla sin sal, a temperatura ambiente
200 g de azúcar blanquilla dorado
3 huevos
2 manzanas verdes Granny Smith peladas y cortadas en dados pequeños

Para el glaseado:
60 g de mantequilla sin sal
220 g de azúcar moreno de caña
240 g de azúcar de lustre
½ cucharadita de extracto de vainilla
3 pedazos de *toffee* troceados, para decorar

Precaliente el horno a 180 °C. Forre 2 moldes para magdalenas de 12 porciones con 18 moldes de papel para magdalenas.

Tamice en un cuenco 200 g de la harina con la levadura y la canela.

En un cuenco grande, bata la mantequilla con el azúcar entre 3 y 5 minutos o hasta que la mezcla adquiera un tono pálido y una consistencia cremosa. Añada los huevos, uno a uno, si dejar de batir. La mezcla parecerá cortada en esta fase, pero no se preocupe, porque esto es normal.

Agregue gradualmente la mezcla de harina a la mezcla batida en el cuenco grande. Bata bien. Pase los dados de manzana por los 25 g de harina restantes hasta que queden cubiertos. Incorpore los dados de manzana cubiertos de harina a la masa del cuenco grande.

Llene con la masa dos tercios de los moldes. Introduzca los cupcakes en el horno precalentado y hornéelos entre 20 y 25 minutos o hasta que se doren y estén esponjosos. Trasládelos a una rejilla para que se enfríen.

Para el glaseado, ponga la mantequilla y el azúcar en un cazo de fondo grueso y lleve a ebullición; remueva continuamente. Déjelo hervir durante 1 minuto sin dejar de remover. Retire el cazo del fuego y agregue la mitad del azúcar de lustre junto con el extracto de vainilla. Deje que la mezcla se enfríe antes de añadir el azúcar de lustre restante. Bata hasta obtener una mezcla de consistencia espesa y lustrosa. Si la mezcla queda demasiado líquida, colóquela en el frigorífico de 15 a 30 minutos hasta que se asiente, con lo que también se espesará.

Ponga una cucharada colmada del glaseado encima de cada cupcake y extiéndalo con una espátula. Ponga otra cucharada de glaseado encima y forme un remolino con una espátula para crear un pico. Decore con unos trozos de *fudge*.

Cupcakes y muffins para fiestas

Nido de huevos de Pascua

Estos preciosos cupcakes son sencillamente perfectos para regalar en Pascua. Puede ponerlos en cajitas individuales con etiquetas con nombres escritos atadas. Busque moldes de papel bonitos de colores pastel y minihuevos de chocolate para colocar en los nidos.

Para **12–16**

Para la masa:

75 g de chocolate negro troceado

125 g de mantequilla sin sal, en pomada

175 g de azúcar blanquilla

2 huevos grandes batidos

175 g de harina

1 cucharada colmada de cacao o de chocolate malteado en polvo

½ cucharadita de levadura en polvo

1 cucharadita de bicarbonato sódico

una pizca de sal

125 de nata agria, a temperatura ambiente

75 ml de agua hirviendo

Para la crema de merengue:

175 g de azúcar blanquilla

3 claras de huevo grandes

225 g de mantequilla sin sal, en pomada

1 cucharadita de extracto de vainilla

Precaliente el horno a 180 ºC y forre 2 moldes para magdalenas de 12 porciones con moldes de papel decorado para magdalenas.

Funda el chocolate troceado en un cuenco refractario, en una cacerola a fuego lento con agua que apenas hierva o en el microondas a baja temperatura. Remueva hasta que adquiera una consistencia fina y homogénea. Retire del fuego.

En el cuenco de la batidora o del robot de cocina, bata la mantequilla en pomada con el azúcar hasta que la mezcla adquiera un tono pálido y una consistencia ligera y esponjosa. Agregue gradualmente los huevos batidos sin dejar de batir. Rebañe los lados del cuenco con una espátula de goma de vez en cuando. Añada el chocolate fundido y bata hasta obtener una consistencia fina y homogénea. Traslade la mezcla a un cuenco.

Tamice en un cuenco la harina con el cacao en polvo, la levadura, el bicarbonato sódico y la sal. Incorpore la mezcla de los ingredientes secos a la mezcla batida en el cuenco grande y agregue la nata agria con el agua hirviendo. Remueva hasta que la mezcla adquiera una consistencia fina y homogénea. Llene con la masa dos terciuos los moldes.

Hornéelos en el estante medio del horno precalentado unos 20 minutos o hasta que los cupcakes suban. Para comprobar si están hechos, inserte una broqueta de madera en el centro de uno de los cupcakes: debería salir limpia.

Deje que se enfríen en el molde unos 5 minutos antes de retirarlos y trasládelos a una rejilla. Antes de glasearlos, deje que se enfríen.

Para preparar la crema de merengue, ponga el azúcar y las claras de huevo en un cuenco refractario mediano suspendido en una cacerola con agua hirviendo a fuego lento; el fondo del cuenco no debe tocar el agua. Bata continuamente hasta que la mezcla se espese, se vuelva lustrosa, esté a punto de nieve y alcance los 150 ºC. Retírela del fuego y trasládela al cuenco de la batidora o del robot de cocina. Bátala durante 3 o 4 minutos o hasta que se enfríe, se espese y se vuelva lustrosa. Incorpore gradualmente la mantequilla en pomada sin dejar de batir. Agregue el extracto de vainilla y bata hasta que la mezcla adquiera una

Para decorar:
100 g de trigo triturado
150 g de chocolate negro
  fundido
huevitos de chocolate

consistencia fina y homogénea. Ponga la crema de merengue en una manga pastelera con una boquilla en forma de estrella y distribúyala en forma de espiral sobre cada cupcake ya frío.

Trocee el trigo triturado con las manos y póngalo en un cuenco. Incorpore el chocolate fundido y remueva hasta que quede cubierto. Disponga pequeños nidos de trigo triturado chocolateado encima de cada cupcake y deje que se asienten. Cuando se hayan enfriado, coloque 4 huevitos en cada nido.

Cupcakes de calabaza

Estos cupcakes están deliciosos para desayunar, servidos con una taza de café o té.

Para 12 V Vegano

115 g de sucedáneo de
   mantequilla
130 g de jugo de caña
   evaporado
1 cucharadita de extracto
   de vainilla
195 g harina sin blanquear
2 cucharaditas de levadura
   en polvo
125 g de puré de calabaza
½ cucharadita de mezcla
   de especias para
   pastel de calabaza o
   de especias variadas,
   más especias adicionales
   para espolvorear
½ cucharadita de canela
   molida
3 cucharaditas de sucedáneo
   de huevo batido con
   4 cucharadas de agua
   templada
120 ml de leche de soja

**Para el glaseado de queso
   crema:**
85 g de sucedáneo de
   mantequilla
225 g de queso crema de tofu
1 cucharadita de extracto
   de vainilla
630 g de azúcar de lustre
   orgánico

Precaliente el horno a 180 °C. Forre 2 moldes para magdalenas de 6 porciones de tamaño estándar con moldes de papel para magdalenas.

En la batidora o en el robot de cocina, bata el sucedáneo de mantequilla con el jugo de caña y el extracto de vainilla hasta que la mezcla adquiera una consistencia ligera y esponjosa. Pare la batidora o el robot y rebañe los lados del cuenco. Añada la harina, la levadura, el puré de calabaza, la mezcla de especias para pastel de calabaza y la canela molida. Bata a velocidad baja durante 30 segundos. Agregue el sucedáneo de huevo con la leche de soja y bata a velocidad media durante 30 segundos. Ponga 4 cucharadas de la masa en cada molde.

Introduzca los cupcakes en el horno precalentado y hornéelos entre 15 y 18 minutos. Para comprobar si están hechos, inserte una broqueta de madera en el centro de uno de los cupcakes: debería salir limpia. Deje que se enfríen en los moldes sobre unas rejillas unos 30 minutos antes de retirarlos.

Simultáneamente, prepare el glaseado de queso crema. Con la batidora eléctrica manual, bata a velocidad media el sucedáneo de mantequilla con el queso crema y el extracto de vainilla hasta que la mezcla adquiera una consistencia fina y homogénea. Baje la velocidad y vaya añadiendo gradualmente el azúcar sin dejar de batir a baja velocidad. Cuando todo el azúcar se haya incorporado, bata la mezcla durante otro minuto a velocidad alta.

Extienda el glaseado de queso crema por encima de los cupcakes ya fríos, o póngalo en una manga pastelera y distribúyalo encima de los cupcakes ya fríos; espolvoréelos con la mezcla de especias para pastel de calabaza adicional.

Cupcakes de queso stilton, arándanos rojos y nueces

Estos cupcakes van muy bien para aprovechar el queso, las nueces y el oporto que han sobrado de las fiestas de Navidad y con los que no se sabe qué hacer. Las avellanas y las nueces del Brasil combinan igual de bien que las nueces con el queso stilton.

Para 12

100 g de arándanos rojos
    secos
75 ml de oporto
250 g de harina
1 cucharadita de levadura
    en polvo
una pizca de sal
4 huevos
50 g de azúcar de lustre
100 g de mantequilla
    sin sal, en pomada
3 cucharadas de leche
100 g de queso stilton
    desmenuzado
50 g de nueces troceadas

Para el aderezo:
150 g queso crema
100 g de queso stilton
    desmenuzado
25 g de nueces troceadas

En un cuenco mediano, macere los arándanos rojos secos en el oporto durante toda la noche.

Precaliente el horno a 190 ºC. Forre un molde para magdalenas de 12 porciones con moldes de papel para magdalenas.

Tamice la harina con la levadura y la sal en un cuenco.

En el robot de cocina o con la batidora eléctrica manual, bata los huevos con el azúcar hasta que la mezcla adquiera una consistencia ligera y esponjosa.

Sin dejar de batir, incorpore la mezcla de harina a la mezcla batida y continúe batiendo 1 minuto más. Agregue sin dejar de batir la mantequilla en pomada con la leche. Incorpore el queso stilton con los arándanos rojos secos macerados en oporto y las nueces y bata hasta obtener una mezcla de consistencia pastosa. Si la masa queda demasiado espesa, añádale un poco más de leche.

Ponga la masa en los moldes, introduzca los cupcakes en el horno precalentado y hornéelos unos 12 o 15 minutos o hasta que suban y se doren ligeramente. Trasládelos a una rejilla para que se enfríen.

Para el aderezo, bata en un cuenco el queso crema hasta obtener una consistencia suave. Incorpore con cuidado el queso stilton desmenuzado La textura de la mezcla no debe quedar fina, sino bastante irregular. Coloque la mezcla de queso crema encima de cada cupcake ya frío y corónelos con las nueces troceadas.

Minipastelitos de pan de jengibre

Salvo que esté de vacaciones, lo más probable es que no disponga de tiempo suficiente para preparar una casita de pan de jengibre navideña. Pero puede elaborar unos minipastelitos de pan de jengibre glaseados, muy sencillos. ¡El espíritu navideño es lo que cuenta!

Para 15

4 cucharadas de cerveza
90 g de azúcar mascabado oscuro
una pizca de bicarbonato sódico
70 g de harina con levadura
1 cucharadita rasa de jengibre molido
1 huevo mediano
2 cucharadas de aceite de cacahuete o de aceite vegetal
azúcar de lustre extrafino para escritura decorativa

Precaliente el horno a 180 °C y forre 1 o 2 moldes para minimagdalenas con 15 moldes de papel para minimagdalenas. Como alternativa, coloque 15 moldes dobles de papel para minimagdalenas, uno dentro del otro, en una placa de horno.

En un cazo, lleve a ebullición la cerveza con el azúcar; aplaste los grumos con la parte posterior de una cuchara. Retire del fuego y añada sin dejar de remover el bicarbonato sódico. Deje reposar mientras prepara la masa.

Tamice la harina con el jengibre molido en un cuenco grande. Bata el huevo con el aceite en otro cuenco y, a continuación, incorpore de forma gradual la mezcla resultante a la mezcla de harina en el cuenco grande removiendo continuamente. Agregue la mezcla de cerveza en dos tandas removiendo con cuidado.

Llene con la masa tres cuartos de los moldes. Introduzca los minipastelitos en el horno precalentado y hornéelos durante unos 15 minutos o hasta que suban, estén firmes y comiencen a tomar color.

Retírelos del horno y deje que se enfríen. A continuación, decórelos con un delicado zigzag de glaseado blanco y pequeños puntos de glaseado. Si los guarda en un recipiente hermético, se conservarán bien durante varios días.

Muffins de *crumble* de Navidad

Estos muffins de frutas coronados con un mantecoso *crumble* serán del agrado de los que piensan que el pastel de Navidad es muy oscuro y está muy lleno de frutas secas. Son deliciosos recién horneados, acompañados con una cucharada de mantequilla de ron o de brandy.

Para 12

Para el *crumble*:
70 g de azúcar mascabado claro
70 g mantequilla sin sal, fría y cortada en dados
100 g de harina
⅓ de cucharadita de canela molida

Para la masa:
180 g de mantequilla sin sal cortada en dados
180 g de azúcar mascabado claro
3 huevos medianos, más 1 yema
50 ml de ron negro
80 g de grosellas secas
40 g de corteza caramelizada cortada en dados
40 g de cerezas escarchadas sin teñir, cortadas en rodajas
180 g de harina
¾ de cucharadita de levadura en polvo
azúcar de lustre, para espolvorear

Precaliente el horno a 190 ºC y forre un molde para magdalenas de 12 porciones con 12 moldes de papel para magdalenas.

Ponga todos los ingredientes del *crumble* en el cuenco del robot de cocina o en la picadora y píquelos hasta que la mezcla adquiera la consistencia de migas de pan. A continuación, traslade la mezcla a un cuenco.

Para preparar la masa, ponga la mantequilla y el azúcar en el cuenco de un robot de cocina o de una batidora y bata durante varios minutos hasta que la mezcla adquiera una consistencia esponjosa. Añada los huevos y la yema de huevo, uno a uno, y rebañe los lados del cuenco si es necesario; a continuación, agregue el ron. En esta fase parecerá que la mezcla se ha cortado, pero no se preocupe, porque esto es normal. Traslade la mezcla a un cuenco grande.

En otro cuenco, pase las grosellas secas, la corteza caramelizada y las cerezas glaseadas por un poco de harina hasta que queden cubiertas.

Tamice la harina restante con la levadura en otro cuenco. Incorpore con cuidado la mezcla resultante a la mezcla batida en el cuenco grande y agregue las grosellas secas, la corteza caramelizada y las cerezas escarchadas cubiertas de harina.

Llene con la masa la mitad de los moldes y esparza el *crumble* por encima. Introduzca los muffins en el horno precalentado y hornéelos durante 25 minutos o hasta que suban y se doren ligeramente. Deje que se enfríen y, a continuación, espolvore con azúcar de lustre.

El mejor momento para probar estos muffins es el día que se han horneado, cuando el *crumble* está crujiente, aunque se pueden conservar durante un par de días. Es mejor guardarlos en una bolsa de plástico para alimentos, que no esté atada muy fuerte, que en un recipiente hermético.

Cupcakes de bizcocho de Navidad

Estos cupcakes tienen todo el sabor y la intensidad de un bizcocho de Navidad. Sírvalos recién horneados, coronados con el glaseado de mantequilla al brandy.

Para 12

70 g de pasas sultanas
70 g de cerezas escarchadas troceadas
70 g de grosellas secas
70 g de uvas pasas
100 ml de brandy
60 g de harina
60 g de harina con levadura
1 cucharadita de especias variadas
125 g de mantequilla, a temperatura ambiente
125 g de miel de caña
2 huevos
la cáscara de 1 naranja finamente rallada

Para decorar:
170 g de mantequilla al brandy
azúcar de lustre, para espolvorear

En un cuenco mediano, macere las pasas sultanas, las cerezas escarchadas, las grosellas secas y las uvas pasas en el brandy durante toda la noche.

Precaliente el horno a 180 °C. Forre un molde para magdalenas de 12 porciones con moldes de papel para magdalenas.

Tamice en un cuenco la harina con la harina con levadura y las especias mixtas.

En un cuenco grande, bata la mantequilla con el azúcar entre 3 y 5 minutos o hasta que la mezcla adquiera una consistencia ligera y cremosa. Añada los huevos, uno a uno, batiendo continuamente. La mezcla parecerá cortada en esta fase, pero no se preocupe, porque esto es normal. Agregue la corteza rallada de naranja.

Añada gradualmente la mezcla de harina en la mezcla batida en el cuenco grande. Bata bien. Escurra las frutas maceradas con un colador en un cuenco. Incorpore con cuidado a la masa del cuenco grande la mitad de las frutas maceradas con el líquido de maceración. Reserve las frutas maceradas restantes para decorar.

Llene con la masa dos tercios de los moldes. Introduzca los cupcakes en el horno precalentado y hornéelos unos 20 o 25 minutos o hasta que se doren y estén esponjosos. Trasládelos a una rejilla.

Para decorar, bata la mantequilla de brandy hasta obtener una consistencia suave y homogénea. Ponga la mantequilla de brandy en una manga pastelera con una boquilla normal y distribúyala encima de los cupcakes; corónelos con las frutas maceradas restantes y espolvoréelos con azúcar de lustre.

Cupcakes de pastel de picadillo de fruta

Estos cupcakes no son solo para Navidad, pues se pueden guardar en la despensa y también congelar, y además están riquísimos en cualquier época del año. Decórelos justo antes de servirlos, ya que el aderezo de crema de brandy se prepara con nata fresca.

Para 18

225 g de harina con levadura
2 cucharaditas de especias variadas
175 g de mantequilla, a temperatura ambiente
175 g de azúcar mascabado claro
3 huevos grandes
100 ml de suero de mantequilla
150 g de picadillo de fruta en conserva

Para el glaseado:
150 g de picadillo de fruta en conserva
300 ml de nata doble
1 cucharada de brandy
azúcar de lustre, para espolvorear

Precaliente el horno a 180 ºC. Forre 2 moldes para magdalenas de 12 porciones con 18 moldes de papel para magdalenas.

Tamice la harina con las especias variadas en un cuenco.

En un cuenco grande, bata la mantequilla con el azúcar entre 3 o 5 minutos o hasta que la mezcla adquiera una consistencia ligera y cremosa. Añada los huevos, uno a uno, sin dejaar de batir. Parecerá desligada en esta fase, pero no se preocupe, porque esto es normal.

Incorpore un tercio de la mezcla de harina en la mezcla batida en el cuenco grande. Añada la mitad de la leche batida y bata bien. Incorpore otro tercio de la mezcla de harina y bata bien. Agregue el resto de la leche batida, seguida del último tercio de la mezcla de harina; bata bien entre un añadido y otro.

Ponga una cucharada de postre de masa en cada molde y una cucharadita colmada de picadillo de fruta encima de la masa y cúbralo con otra cucharada de postre de masa. Introduzca los cupcakes en el horno precalentado y hornéelos durante unos 20 o 25 minutos o hasta que se doren y estén esponjosos. Trasládelos a una rejilla para que se enfríen.

Para el glaseado, ponga el picadillo de fruta en un cazo de fondo grueso y llévelo a ebullición lentamente. Baje el fuego y déjelo hervir a fuego lento unos 3 minutos o hasta que el líquido de la fruta se haya evaporado. Retírelo del fuego y deje que se enfríe. En un cuenco, bata la nata con el brandy hasta que se monte a punto de nieve. Incorpore con cuidado el picadillo ya frío.

Para decorar, corte la parte superior de los cupcakes como lo haría con las magdalenas mariposa (*véase* pág. 27). Con un cortapastas en forma de estrella, corte una estrella de la parte superior de cada cupcake. Ponga la crema de brandy y el picadillo de fruta encima de los cupcakes y corónelos con la estrella cortada. Espolvoréelos con azúcar de lustre.

Cupcakes de almendras, clementinas y arándanos rojos

Estos cupcakes ácidos veteados de mazapán son deliciosos recién horneados si se sirven calientes, y además constituyen una alternativa a la sustanciosas comidas navideñas. Utilice clementinas cuando sea temporada o, si usa naranjas, utilice la mitad de la cantidad indicada.

Para 12

2 huevos grandes
200 g de azúcar blanquilla
100 g de aceite de girasol
142 ml de nata agria
½ cucharadita de extracto
   de almendra
la cáscara de 2 clementinas
   finamente ralladas
225 g de harina
½ cucharadita de levadura
   en polvo
¼ de cucharadita de
   bicarbonato sódico
¼ de cucharadita de sal
75 g de arándanos rojos
   secos troceados
75 g de mazapán, frío
   y rallado

Para el glaseado:
100 g de mantequilla blanda
300 g de azúcar de lustre
el jugo y la cáscara finamente
   rallada de 1 clementina
colorante alimentario naranja
   en pasta
50 g de arándanos rojos
   secos finamente troceados

Precaliente el horno a 180 °C. Forre un molde para magdalenas de 12 porciones con moldes de papel para magdalenas.

En un cuenco grande, bata los huevos con el azúcar blanquilla hasta que la mezcla adquiera una consistencia ligera y esponjosa. Añada el aceite lentamente y sin dejar de batir. A continuación, incorpore gradualmente la nata agria, sin dejar de batir. Agregue el extracto de almendra con la corteza rallada de clementina.

Tamice en un cuenco la harina con la levadura, el bicarbonato sódico y la sal. Incorpore gradualmente la mezcla de harina a la mezcla batida en el cuenco grande. Bata bien. Añada con cuidado los arándanos rojos secos y el mazapán rallado.

Llene con la masa dos tercios de los moldes. Introduzca los cupcakes en el horno precalentado y hornéclos unos 20 o 25 minutos o hasta que se doren y estén esponjosos. Para comprobar si están hechos, inserte una broqueta en el centro de uno de los cupcakes: debería salir limpia. Trasládelos a una rejilla para que se enfríen.

Para el glaseado, bata la mantequilla en un cuenco grande con la batidora eléctrica manual hasta obtener una consistencia ligera y esponjosa. A continuación, incorpore gradualmente la mitad del azúcar de lustre sin dejar de batir. Agregue el jugo y la cáscara rallada de las clementinas. Vaya añadiendo gradualmente el azúcar de lustre restante con el suficiente colorante para obtener un color naranja pálido; bata bien cada vez.

Ponga el glaseado en una manga pastelera con una boquilla en forma de estrella y distribúyala en forma de espiral encima de los cupcakes ya fríos. Esparza los arándanos rojos secos troceados por encima.

Cupcakes bola de nieve

Un cupcake de vainilla ligero y aterciopelado. Si no encuentra copitos de nieve de azúcar para decorar, utilice en su lugar 150 g de chocolate blanco rallado.

Para 12

200 g de harina
1 cucharadita de levadura
   en polvo
½ cucharadita de sal
75 g de mantequilla sin sal,
   a temperatura ambiente
150 g de azúcar blanquilla
1 huevo
1 cucharadita de pasta
   de vainilla
120 ml de suero de
   mantequilla
½ cucharadita de vinagre
   de vino blanco
½ cucharadita de
   bicarbonato sódico

Para el glaseado:
75 g de mantequilla sin sal,
   en pomada
150 g de queso mascarpone
300 g de azúcar de lustre
   tamizado
50 g de copitos de nieve
   de azúcar
purpurina comestible
   plateada

Precaliente el horno a 180 °C. Forre un molde para magdalenas de 12 porciones con moldes de papel para magdalenas.

En un cuenco, tamice la harina con la levadura y la sal. En otro cuenco grande, bata la mantequilla con el azúcar blanquilla entre 3 y 5 minutos o hasta que la mezcla adquiera una consistencia ligera y esponjosa. Agregue batiendo el huevo con la pasta de vainilla; rebañe los lados del cuenco de vez en cuando.

Incorpore un tercio de la mezcla de harina a la mezcla batida en el cuenco grande y bata bien. Añada la mitad del suero de mantequilla y bata bien. Incorpore otro tercio de la mezcla de harina y bata bien. Agregue el suero de mantequilla restante, seguido del último tercio de la mezcla de harina; bata bien cada vez. Añada el vinagre junto con el bicarbonato sódico y bata durante 2 minutos.

Llene con la masa dos tercios de los moldes. Introduzca los cupcakes en el horno precalentado y hornéelos unos 20 o 25 minutos o hasta que estén esponjosos al tacto. Retírelos del horno y deje que se enfríen en una rejilla.

Para el glaseado, bata con la batidora eléctrica manual la mantequilla con el queso mascarpone en un cuenco grande hasta que la mezcla adquiera una consistencia ligera y esponjosa. Incorpore gradualmente el azúcar de lustre, cucharada a cucharada, batiendo entre un añadido y otro.

Ponga 2 cucharadas del glaseado encima de cada cupcake; modélelo con una espátula dándole forma de cúpula. Sumerja los cupcakes en los copitos de nieve de azúcar hasta que el glaseado quede cubierto. Espolvoréelos con purpurina comestible plateada.

ÍNDICE

Agradecimientos por las recetas

Queremos expresar nuestro agradecimiento a los siguientes autores por permitirnos reproducir sus recetas:

Capítulo 1: Cupcakes y muffins para el almuerzo
página 12 Cupcakes de mantequilla de cacahuete y plátano,de Becca Watson
página 15 Cupcakes de miel de arce y pacanas, de Becca Watson
página 16 Cupcakes de muesli, de Becca Watson
página 19 Cupcakes de limón y semillas de amapola, de Becca Watson
página 20 Cupcakes de capuchino, de Becca Watson
página 23 Muffins de cuajada y queso azul, de *Seriously Good! Gluten-Free Baking,*
  de Phil Vickery
página 26 Cupcakes de cebolla, queso crema y cebollino, de Becca Watson
página 27 Magdalenas mariposa de calabacín dulce y azafrán, de *Seriously Good! Gluten-Free Baking* de Phil Vickery
página 28 Cupcakes de tomates secos y parmesano, de Becca Watson
página 31 Cupcakes de queso y *chutney*, de Becca Watson
página 32 Muffins de confitura de naranja amarga para el desayuno, de Becca Watson

Capítulo 2: Cupcakes y muffins para el té de la tarde
página 36 Muffins de frambuesas y canela con cobertura crujiente, de *On Baking,*
  de Sue Lawrence
página 39 Muffins de albaricoque y romero, de Becca Watson
página 40 Cupcakes de limón, de *Gorgeous Cakes,* de Annie Bell
página 43 Cupcakes de crema de queso y frambuesas, de Becca Watson
página 44 Cupcakes de fresas con nata para el té, de Becca Watson
página 47 Cupcakes de lima y coco, de Becca Watson
página 48 Molletes de almendras, frambuesas y limón, de *Gifts from the Kitchen,* de Annie Rigg
página 51 Muffins de plátano, cerezas y chocolate blanco, de Becca Watson
página 52 Cupcakes de pan de especias, de *Easy Peasy* de Sophie Wright
página 55 Cupcakes de terciopelo rojo, de Becca Watson

Capítulo 3: Delicias saludables

Capítulo 4: Exquisiteces refinadas

Capítulo 5: Cupcakes y muffins para fiestas

Agradecimientos por las fotografías

Queremos expresar nuestro agradecimiento a los siguientes fotógrafos por permitirnos reproducir sus imágenes:

páginas 2, 4-5, 6, 7, 9 William Shaw

Capítulo 1: Cupcakes y muffins para el almuerzo
páginas 13, 14, 17, 18, 21 William Shaw
página 22 Tara Fisher, de *Seriously Good! Gluten-Free Baking,* de Phil Vickery
página 25 William Shaw
página 26 Tara Fisher, de *Seriously Good! Gluten-Free Baking,* de Phil Vickery
página 29, página 30, página 33 William Shaw

Capítulo 2: Cupcakes y muffins para el té de la tarde
página 37 Jean Cazals, de *On Baking,* de Sue Lawrence
página 38 William Shaw
página 41 Chris Alack, de *Gorgeous Cakes,* de Annie Bell
páginas 42, 45, 46 William Shaw
página 49 Catherine Gratwicke, de *Gifts from the Kitchen,* de Annie Rigg
página 50 William Shaw
página 53 Kate Whitaker, de *Easy Peasy,* de Sophie Wright
página 54 William Shaw

Capítulo 3: Delicias saludables
página 59 Tara Fisher, de *Seriously Good! Gluten-Free Baking,* de Phil Vickery
página 60 William Shaw
página 63 Tara Fisher, de *Seriously Good! Gluten-Free Baking,* de Phil Vickery
páginas 65, 67 Penny de Los Santos de, *Sweet Vegan,* de Emily Mainquist
página 68 William Reavell
página 71 Steve Baxter (© Splenda/McNeil Nutritional Ltd), de *The Sweet Life,* de Anthony Worrall Thompson
páginas 73, 74 William Shaw

Capítulo 4: Exquisiteces refinadas

página 79 William Shaw

página 80 Anders Schønnemann, de *Adventures with Chocolate,* de Paul A. Young

página 83 Chris Alack, de *Gorgeous Cakes,* de Annie Bell

página 84 Anders Schønnemann, de *Adventures with Chocolate,* de Paul A. Young

página 88 Chris Alack, de *Gorgeous Cakes,* de Annie Bell

página 91 William Shaw

página 92 William Reavell

páginas 95, 96 Chris Alack, de *Gorgeous Cakes,* de Annie Bell

página 99 William Shaw

Capítulo 5: Cupcakes y muffins para fiestas

página 103 Catherine Gratwicke, de *Gifts from the Kitchen,* de Annie Rigg

páginas 104, 106 William Reavell

páginas 109, 111 Chris Alack, de *Gorgeous Cakes,* de Annie Bell

páginas 112, 115, 116, 119 William Reavell